U0541616

中华当代学术著作辑要

经济发展中金融的贡献与效率

王广谦 著

商务印书馆
创于1897
The Commercial Press

图书在版编目(CIP)数据

经济发展中金融的贡献与效率/王广谦著.—北京：商务印书馆,2023(2023.6重印)
(中华当代学术著作辑要)
ISBN 978-7-100-21866-5

Ⅰ.①经… Ⅱ.①王… Ⅲ.①金融—影响—经济发展—研究 Ⅳ.①F061.3

中国版本图书馆CIP数据核字(2022)第223201号

权利保留,侵权必究。

中华当代学术著作辑要

经济发展中金融的贡献与效率

王广谦 著

商 务 印 书 馆 出 版
(北京王府井大街36号 邮政编码100710)
商 务 印 书 馆 发 行
北京市十月印刷有限公司印刷
ISBN 978-7-100-21866-5

2023年4月第1版　　开本710×1000　1/16
2023年6月北京第2次印刷　印张12¾ 插页5
定价：96.00元

中华当代学术著作辑要
出 版 说 明

学术升降，代有沉浮。中华学术，继近现代大量吸纳西学、涤荡本土体系以来，至上世纪八十年代，因重开国门，迎来了学术发展的又一个高峰期。在中西文化的相互激荡之下，中华大地集中迸发出学术创新、思想创新、文化创新的强大力量，产生了一大批卓有影响的学术成果。这些出自新一代学人的著作，充分体现了当代学术精神，不仅与中国近现代学术成就先后辉映，也成为激荡未来社会发展的文化力量。

为展现改革开放以来中国学术所取得的标志性成就，我馆组织出版"中华当代学术著作辑要"，旨在系统整理当代学人的学术成果，展现当代中国学术的演进与突破，更立足于向世界展示中华学人立足本土、独立思考的思想结晶与学术智慧，使其不仅并立于世界学术之林，更成为滋养中国乃至人类文明的宝贵资源。

"中华当代学术著作辑要"主要收录改革开放以来中国大陆学者、兼及港澳台地区和海外华人学者的原创名著，涵盖语言、文学、历史、哲学、政治、经济、法律、社会学和文艺理论等众多学科。丛书选目遵循优中选精的原则，所收须为立意高远、见解独到，在相关学科领域具有重要影响的专著或论文集；须经历时间的积淀，具有定评，且侧重于首次出版十年以上的著作；须在当时具有广泛的学术影响，并至今仍富于生命力。

自 1897 年始创起，本馆以"昌明教育、开启民智"为己任，近年又确立了"服务教育，引领学术，担当文化，激动潮流"的出版宗旨，继上世纪八十年代以来系统出版"汉译世界学术名著丛书"后,近期又有"中华现代学术名著丛书"等大型学术经典丛书陆续推出,"中华当代学术著作辑要"为又一重要接续,冀彼此间相互辉映,促成域外经典、中华现代与当代经典的聚首,全景式展示世界学术发展的整体脉络。尤其寄望于这套丛书的出版,不仅仅服务于当下学术,更成为引领未来学术的基础,并让经典激发思想,激荡社会,推动文明滚滚向前。

商务印书馆编辑部

2016 年 1 月

序　　言

《经济发展中金融的贡献与效率》，是我1995年完成的博士学位论文，1997年中国人民大学出版社将其列入"经济科学文库"出版。远超当初期望的是，25年后本书又能与商务印书馆结缘。商务印书馆在中国出版业中历史最为悠久，在推动近代中国文明进步中功勋也最为卓著。上世纪70年代末我来北京读书，商务印书馆于1981年开始出版的"汉译世界学术名著丛书"，给我们这些当时正在大学读书的青年学子提供了极为宝贵的学习资源，极大地拓展了我们的视野，影响了整整一代学人，且这种影响仍在延续。2016年，商务印书馆又推出了"中国当代学术著作辑要"丛书，以全景式展示学术发展的整体脉络。本书能够入选这一丛书，于我乃是最大的鼓励和鞭策。

本书主要考察了金融成长为经济发展重要推动因素的历史过程和金融对经济作用发生的两次质变，分析了经济货币化和金融化的发展轨迹和金融在现代经济增长中的贡献程度，研究了金融效率在现代经济发展中的重要性和衡量方法以及提高金融效率的主要途径。

17世纪新式银行的成立和银行券的发行，19世纪末20世纪初金本位货币制度的解体和金属铸币的终结，使金融在经济中的作用发生了从"适应性"向"主动性"再到"先导性"的转变。这两次质变客观上摆脱了限制经济和金融发展的"黄金桎梏"，创造了释放经济潜能和扩大经济规模的重要条件，使金融在经济发展全部推动因素中的地位大大提升，成为现代经济发展最为重要的推动力量。但在现代经济体系和货币金融环境中，新的问题也随之产生。最为基础的问题是，作为"一般等价物"的货币失去了它自身所具有的内在价值，货币所有职能的发挥都完全依赖于国家的信誉和信用货币发行机构——中央银行对货币和信用供给数量的科学把控，国家管理货币金融的难度也远远超过了之前任何一个时期。在具体的实践中，如何制定适宜的货币政策并采用有效的政策工具调控货币供应和信用总量，如何判断经济增长的潜力和客观真实的货币需求，以及如何实现货币、金融、经济、社会的稳定和防控可能发生的系统性金融风险等等，就成为新的挑战。

金融在现代经济中地位的上升，一个主要标志是经济货币化和金融化程度的提高。经济货币化和金融化的进展和程度衡量可以分别采用货币量和货币外金融工具量与经济量的比值来进行。金融在现代经济中的贡献可以通过金融促进要素投入量增加、要素生产力提高和自身产值增加三个方面来考察。由于金融作用的发挥是与经济增长全部因素融合在一起发生的，因此，对经济货币化和金融化的衡量，以及对金融贡献度的量化分析，应该有多种方法，但都难以得出相对精准或相对科学的结果。本书采取的方法也只是一种尝试，其得出的金融在经济增长中的贡献大约占 1/5 之结论，亦有偏离实际之可能。并且"金融贡献度"指标的涵义也可以有多种方式来界定。

在金融推动经济发展的过程中，金融效率起着关键的作用，金融效率的高低决定着金融发挥作用的成本和作用力的强弱，从而在很大程度上决定着整个经济效率的高低。虽然在定性分析中金融效率非常重要，但对其进行量化分析却是极为困难之事，书中的分析同样也是一种尝试。

如今，金融已被视为现代经济的核心，各国政府对金融手段的利用似乎也正在接近它的极限。必须重视的是，虽然金融是推动现代经济社会发展的重要因素，提高金融效率和提升金融竞争力更是国家创新发展之必要手段，但金融也绝不是万能的，它也只是重要因素和重要手段之一。随着各类金融创新的涌现和经济社会条件的变化，金融的负面影响也日益显现。准确把握经济和金融发展的规律，合理适度地利用金融手段发展经济，促进经济社会健康发展，需要更多的智慧和科学的理念支撑。希望本书能够起到一点抛砖引玉的作用，对读者研究这些问题有所启发。

此次再版，除对个别文字进行更正之外，原版内容未做任何调整，保持原貌以反映研究节点之前的历史真实。非常感谢经管编辑室宋伟主任对本书的认可和支持，感谢葛萦晗同志的精心编辑，他们卓有成效的工作和敬业精神令我感佩！

王广谦

2022 年 7 月 12 日

目　　录

导言 ··· 1
　0.1　问题的提出 ·· 1
　0.2　研究的思路与基本框架 ·· 2
第1章　金融在经济发展进程中的历史贡献与作用变迁 ············· 4
　1.1　货币与信用：商品经济发展的两支突出力量 ··················· 4
　1.2　17世纪新式银行的出现与资本主义制度的建立 ··············· 8
　1.3　20世纪前金融在资本主义经济走向繁荣过程中的
　　　作用与贡献 ·· 17
　1.4　20世纪的金融变革与世界经济的飞速发展 ····················· 25
　1.5　小结 ··· 37
第2章　金融与现代经济 ·· 41
　2.1　现代经济中的金融运行 ··· 41
　2.2　经济发展中的金融化趋势 ·· 46
　2.3　金融产业 ··· 59
　2.4　金融的国际化与全球经济一体化 ·································· 70
　2.5　小结 ··· 74
第3章　现代经济发展的因素分析与金融贡献度 ······················· 77
　3.1　现代经济发展的因素分析 ·· 78
　3.2　现代经济发展中的金融贡献度 ······································ 89
　3.3　小结 ··· 111

第 4 章　金融效率——现代经济发展的关键 ……………………… 113
  4.1　金融效率的涵义 …………………………………………… 113
  4.2　金融机构效率 ……………………………………………… 114
  4.3　金融市场效率 ……………………………………………… 123
  4.4　金融的宏观效率 …………………………………………… 131
  4.5　中央银行对货币的调控效率 ……………………………… 141
  4.6　小结 ………………………………………………………… 143

第 5 章　对提高中国金融效率的若干思考 ……………………… 145
  5.1　对中国金融效率的基本估价 ……………………………… 145
  5.2　真正把金融业作为现代产业来发展 ……………………… 148
  5.3　从紧控制货币，着力搞活金融 …………………………… 155
  5.4　调整金融市场发展重点，规范金融市场运作 …………… 159
  5.5　强化金融机构内部管理，提高金融机构素质 …………… 163
  5.6　加强金融监管，改善金融调控方式 ……………………… 167
  5.7　积极创造条件，逐步实现与国际接轨 …………………… 169
  5.8　金融自由化：并非正确的出路 …………………………… 170

附表　16 个国家 1964—1993 年货币量与结构比率 ……………… 173
主要参考文献 …………………………………………………………… 190
后记 ……………………………………………………………………… 192

导　　言

0.1　问题的提出

任何社会的经济发展都是由诸多因素共同推动的：政治的、经济的、体制的、技术的、人文的等等。在推动经济发展的诸多因素中，孰更重要？人们会从不同的角度得出自己的答案。一个基本的事实是，古代经济、近代经济和现代经济在各自发展的过程中，其推动因素并不完全一致，即使是那些贯穿始终的因素，其重要性也在不断变化。就经济因素而言，古典经济学把土地、资本、劳动看成是经济发展的三大要素。马克思把这三大要素概括为生产力，论证了生产力是生产中最活跃的因素，生产关系必须适合于生产力的发展。在土地、资本、劳动三大要素（或生产力基本要素）基础上，现代经济增长理论又把技术、资源配置、规模经济、知识进展视为新的重要因素。经济发展史的研究表明，当今发达国家在近五百年的经济发展过程中，有一个因素的作用在不断增长，特别是在高度发达的现代经济中，这个因素的重要性更加突出，这便是金融。新兴工业国家和1979年后中国的经济起飞过程也证明了这一点。那么，金融是如何成长为经济发展的重要推动因素？它是通过什么途径和作用机理促进经济发展的？金融对现代经济增长的贡献程度究竟有多大？金融的数量扩张和效率提高会使经济发展产生怎样的差异？如何把握金融发展才能保持其对经济的持续推动力并提高整个经济的发展效率?这些问题就是非常值得研究的。对这些问题的研究,应该成为现代经济理论的一个重要内容,并应构成现代金融理论体系的一个重要组成部分。但是迄今为止,对此问题的研究,即使在西方理论界,也还远没有像对其他问题的研究那样深入。本书试图在这方面作一努力,并在此基础上,探寻一条符合经济发展内在规律的金融发展之路,以期通过建立高效率的金融体制使正在起飞中的中国实现高效率的经济持续发展。

0.2 研究的思路与基本框架

本书的研究共分五章来进行。

第一章主要考察金融成长为经济发展重要推动因素的内在规律和发展过程。分析金融是如何伴随着商品经济的发展和新式银行的大量出现、银行券的发行、金属铸币流通的终结、完全信用货币制度的建立等金融发展史上的一系列重大事件而逐步从适应性作用发展到主动性作用和先导性作用,并从近五百年经济发展的历史进程中分析金融在资本主义经济制度确立和走向繁荣过程中所作出的实际贡献。

第二章在历史分析的基础上,现实地考察金融与现代经济的密切联系。从金融与经济的完全融合分析经济货币化、金融化过程中的经济增长;从金融产业发展和金融国际化分析金融在现代经济发展中的作用增长;并在这种分析中,考察发展中国家与发达国家的差距,寻找欠发达国家经济发展缓慢的金融原因。

第三章考察金融在现代经济发展中的贡献程度。分析金融对资本和劳动量的增长、对资本和劳动生产率的提高所作出的贡献程度,以及金融业自身产值增长对经济增长所作的贡献比率。

第四章主要分析金融效率。在金融推动经济发展和作出重要贡献的过程中,金融效率决定着金融发挥作用的成本和作用力的强弱,从而在很大程度上决定着整个经济发展的效率。

第五章在历史分析、数量分析和理论探讨基础上,考察提高中国金融效率的途径,并探寻中国金融发展的理想之路。

第1章 金融在经济发展进程中的历史贡献与作用变迁

人类文明社会大约已走过了六千年的历史。现代的社会和现代的文明是人类在这六千年文明史中积累发展而成。不论是考察文明社会的全部发展史,还是分析其中的某一个断代史,都不难发现,经济的发展和发展程度对社会的进步和文明的程度起着决定性的作用。但经济的发展并不是匀速推进的,其间经历了大大小小的波折、动荡和跳跃发展,有的时期发展迅速,有的时期发展缓慢甚或倒退。其原因是多方面的,如自然灾害、战争、生产关系的剧烈调整、技术的发明和革新,等等。但纵观人类发展的历史,一个基本的事实,便是经济发展随着文明的进步大大加快了,特别是近五百年来,人类创造的财富和文明超过了在此之前的全部历史累积。一个很有意义也很有意思的现象是,货币的出现恰与文明社会同步,而在近五百年中逐渐与社会经济生活融为一体。难道这仅仅是时间上的巧合吗?

1.1 货币与信用:商品经济发展的两支突出力量

1.1.1 货币的出现——人类经济发展中一次质的飞跃

在人类社会发展的最初阶段,劳动主要集中在采集植物和狩猎这两个方面。这时的劳动带有自然的性质,主要目的是为了生存和人类的延续。如果用现在的名词把采集和狩猎看作是"经济活动"的话,那么这时的经济活动是非常简单和单一的。由于自然的原因和人类当时谋生手段的落后,这一时期的"经济发展"是极其缓慢的,因而其经历的时期也是极其漫长的。随着人们在劳动中经验的积累和智慧的发展,大约在七八千年以前,原始共同体内的采集劳动开始转移到种植劳动,狩猎也逐步向养殖发展,现在称之为第一产业的"农业"出现了。以农业为主的经济活动贯穿了整个的原始社会、奴隶社会和封建社会,直至17世纪欧洲资本主义制造业的崛起为止。农业的出现,标志着人类社会经济活动的正式开端。

伴随着农业经济的出现和发展,人类劳动也出现了比较明显的社会分工。社会分工使人们的劳动技能得到迅速提高,极大地促进了生产力的发展,但共同体内劳动成果的共同占有方式却限制了这种生产力的有效增长,于是新的生产力向原有生产关系提出了挑战,劳动成果以及劳动工具的私有制便逻辑地产生了,人类社会进入了一个新的发展时期。与此同时,一个极具重要意义的范畴也紧随出现,那就是"商品"。随着生产的发展,"商品"所涵盖的范围和数量不断扩展,到了资本主义生产方式占统治地位的时候,社会的财富便表现为"庞大的'商品'堆积"[①]。与商品同生共来的另一个范畴是"交换"。不管是史料记载和考古发现,还是逻辑推理,交换都经过了两个发展阶段,即物物直接交换和通过中间媒介的间接交换。对于物物直接交换中的困难和通过中间媒介交换所带来的方便以及由前者向后者转移的必然性,马克思以及在他之前的许多思想家和经济学家都曾给予过详细的分析,而今人对于交易成本的理论分析仍在继续。在世界的不同地方和不同时间,最初充当中间媒介的商品是各不相同的,后来随着交换本身的发

---

① 《马克思恩格斯全集》中文版第23卷,人民出版社1972年版,第47页。

展,这种中间媒介逐渐固定在被大众所广泛接受的某一种商品上。于是,整个经济活动中一个新的范畴产生了,这便是货币。虽然对于货币的起源和本质先哲们有不同的看法,如亚里士多德和中国的司马迁认为是自然发展的产物,中国的管子认为是先王为了统治而选定的,但他们都看到了货币与交换发展的联系。①

货币的出现,使人类社会的经济活动产生了具有伟大意义的飞跃,社会经济发展进入了一个崭新的阶段。货币的出现,不但以它自身的属性方便了人们的交换和经济生活,更重要的,它成为推动经济发展和社会进步的一支特殊力量,使人们的生产活动突破了狭小的天地。一方面,人们不必为了换取自己所需要的某种固定物品去生产,也不必担心找不到自己产品的真正需要者,而只是关心能否换得货币就行了。另一方面,也是更重要的,人们可以通过积累货币去实现自己财富的积累,这就激发了人们创造财富的无限欲望。随之而来的,它为扩大再生产提供了重要条件。没有货币的出现,从某种意义上说,生产只能维持在人们低水平的自我生存需要上,从而在简单再生产的圈子内循环,不可能产生扩大再生产,进而便不可能有生活质量的提高、经济的发展和社会的进步。可以说,货币的出现,给人类社会经济的快速发展提供了一个重要的基础条件,成为促进经济发展和社会进步的一支突出力量。

1.1.2 信用——人类经济发展的另一重要推动力

与货币的产生一样,信用也是在人类社会发展到一定阶段后产生的。虽然先哲们对信用产生的社会经济条件论述的并不多,但从逻辑上推论,像货币的产生一样,社会分工和私有制的出现必然也是信用产生的客观基础。

信用范畴的出现,使人类社会的经济活动产生了另一个具有伟大

---

① 转引自黄达:《货币银行学》,四川人民出版社1992年版,第13页。

意义的飞跃。信用不但解决了商品在卖者与买者之间时间上的不一致,从而保持简单再生产的顺利进行,更重要的,还在于信用为扩大再生产提供了必要条件。首先,它使生产要素(商品)得到及时的利用;其次,它使生产者能够超过自己资本的积累去从事扩大再生产;第三,它促进了资本的积累和集中。没有信用的出现,即使货币解决了物物交换中的矛盾,生产过程仍然可能因为卖者和买者之间在时间上的不一致而受阻。再生产的扩大也只能限制在生产者自己资本的积累程度之内,经济发展的进程便不可能得到快速推进。因此可以说,信用的出现给人类社会的发展提供了另一个推动力,成为促进经济发展和社会进步的又一支突出力量。

在商品经济最初发展的时期内,货币和信用是彼此相对独立地发挥着各自的作用,它们也具备各自独立发展的条件和可能。但不难推断,随着商品经济的进一步发展,货币与信用必然会一步步地紧密结合在一起。在货币作为交换的中间媒介被大众普遍接受之前的时期内,信用形式自然也是实物信用。伴随着货币关系的广泛发展,信用形式也逐渐转变为货币信用。广泛存在的货币关系又为信用的扩展创造了条件,同时,信用关系的普遍发展,也使货币的职能得到充分发挥。随着商品生产和商品交换的进一步发展,信用和货币便逐步紧密地结合在一起,成为带动商品经济发展的两个巨轮,人类社会进入了一个快速发展的阶段。

1.1.3 金融范畴的形成与货币、信用作用力的增强

货币和信用的出现,有力地促进了商品经济的发展。商品经济的飞速发展,又为货币和信用作用的发挥不断地创造着客观的社会经济条件。在资本主义经济关系确立之前,虽然货币和信用在经济活动中已经发挥着巨大的推动作用,但由于当时商品关系还没有在人类社会经济生活中占据主导地位,因而货币和信用的作用发挥终究只能限制

在比较狭小的范围之内。这一时期,货币和信用虽然有了密切联系,并且彼此为对方创造着不断扩展的前提条件,但就主要方面来说,它们还是各自独立发展的。随着资本主义经济关系的确立,情况逐步发生了本质的变化。商品经济关系的普遍化和复杂化使货币和信用互相融合并逐步走向密不可分。这时,货币已不但在商品的交换中发挥作用,而且成为社会财富积累的重要手段。当货币关系和信用关系遍及人们经济生活之中的时候,货币信用经济便无可争议地取代了实物经济而成为一种崭新的经济组织形式。

"当货币的运动和信用的活动虽有密切联系却终归各自独立发展时,这是两个范畴。而当两者不可分解地联结在一起时,则产生了一个由这两个原来独立的范畴相互渗透所形成的新范畴——金融。当然,金融范畴的形成并不意味着货币和信用这两个范畴已不复存在。"[①] 货币和信用的融合以及金融范畴的产生,使原本已很巨大的两支作用力联结为一体,并形成一种新的合力,为商品经济的发展提供了前所未有的基础条件,商品生产因货币与信用关系的融合而成倍扩大。所以,货币和信用在它们各自以自身的特点促进商品经济发展的同时,又以它们的结合提供了新的作用力。并且,随着商品经济的进一步发展,这种作用力也变得越来越大,以至在今天,我们不能想象没有金融的存在,商品经济的组织和发展会是一个什么样的局面。

1.2 17世纪新式银行的出现与资本主义制度的建立

1.2.1 封建制度的解体与资本主义制度的诞生

资本主义制度的确立,最先是在西欧,大约经过了15世纪末到18

---

① 黄达:《货币银行学》,第70页。

世纪末的 300 年时间。在 15 世纪之前，西欧虽然有过公元前 7 世纪到公元 5 世纪奴隶制时期辉煌的希腊文明，但在公元 5 世纪后半叶封建制度兴起后的 600 年中，由于连绵不断的战争和宗教神学的统治，生产力一直维持在很低的水平上，自然经济占据统治地位。货币发挥作用的范围和程度极小，信用活动更是限制在数量并不很大的属于高利贷性质的生存生活范围之内，尚未与生产活动连在一起。走出这一被称为"中世纪的黑暗"时期的契机是 12 世纪开始兴盛起来的"生产力革命"和科学技术的发展。到 14 世纪末欧洲人在航海、天文、贸易和技术等方面已达到较高的水平，积累了丰富的经验，社会、经济发展开始进入迈向现代社会的快车道。15 和 16 世纪，是世界历史上的重大转折期，也被史学家称为人类社会从古代到近代的过渡期。这一时期，欧洲大陆耕织结合的农本经济发生了根本性的变化，小商人和手工业者也开始独立出来，社会生产由自然状态加速向商品化转变，新的发明不断出现，刺激着新兴行业的蓬勃兴起。由于科学技术广泛应用于生产活动之中，生产力得到迅速发展。与此同时，航海活动越出了沿海和地中海的局限，开始了跨越大洋、寻找新大陆、联系外部世界的远航。在科学技术和生产力飞速发展的同时，西欧原本由于地理的、民族的、文化的和社会的原因而分散的封建制度也开始向封建专制王权转移。1485 年英国建立了都铎王朝，1589 年法国建立了波旁王朝。封建专制王权的建立虽然使众多分散的区域联结为一体，但由于这一时期科学技术的发明和商业、工业的发展使生产力以前所未有的速度增长，封建制度已不可能在更大范围内进一步巩固和确立，迅速成长起来的新兴资产阶级同封建王权展开了顽强的斗争，其结果便是 1640 年和 1789 年英、法资产阶级革命的胜利和资本主义制度的诞生。

尽管西欧封建制度从众多分散隔绝的区域向集中统一的封建王权转移在时间上也正是资本主义制度开始形成的时期，但在逻辑上，前者并不是后者的必备条件和催化剂。恰恰相反,封建王权的形成增加了新兴资产阶级发展生产力的难度和为取得新制度而斗争的残酷性,但客观上,也为资产阶级胜利后建立统一的国家创造了历史的和社会的条件。

在西欧资本主义因素产生、积累、发展和资本主义制度最终确立的过程中,哪些因素起到了重要的作用或提供了必要的经济、社会条件?无疑首先是生产力的发展。但从经济基础方面分析,这一时期恰是货币和信用活动普遍发展和新式银行大量出现的时期。新式银行的大量出现,货币和信用活动的普遍发展,在资本主义制度确立过程中是否起到了一定的作用?分析这一点对于我们考察金融的历史贡献、金融作用的性质变迁,以及在现代经济中如何利用金融促进经济发展有着重要的意义。

1.2.2 新式银行的出现

15世纪之前的社会经济发展,不论在欧洲还是中国,货币和信用虽然在某些领域起到了重要作用,但由于商品经济不占统治地位,就社会范围看,这种作用还是有限的。货币与信用更多地是依附于交换和贸易的发展而发展。因此,15世纪之前货币与信用对经济的促进作用是"适应性的",经济发展的动力主要来自于货币与信用以外的力量。但在15世纪之后,货币与信用在普遍发展的同时,逐步不可分割地连接在一起,金融开始迅速成长为一支相对独立的力量,并在更广泛的经济活动中发挥重要的作用。这种转变的标志之一是西欧新式银行的出现。

就整个银行业考察,它的最初形成在13—14世纪,最先出现在经济贸易比较发达的地区,与贸易携手并进。意大利人是欧洲最早的银行家。存款银行的建立,也可追溯到15世纪初,热那亚的圣乔治银行建立于 1407 年,被称为第一个国家存款银行。16 世纪,奥格斯堡和纽伦堡的德国人取代了意大利人的地位,统治了里昂和法兰克福的集市以及布鲁日、安特卫普的交易中心,也设立了为贸易服务的一些银行。但是,正如亚当·斯密所说,最初的这些银行,其目的是为了提供一个符合公共利益的法定货币来取代价值不定、成分杂乱的硬币,从而改变商业支付体系,还没有把吸收的货币真正当作资本来经营。银行职能真正具有创新意义的发展是在 17 世纪。德国人 1609 年成立的阿姆斯特丹银行可看作是新式银行的开端。

阿姆斯特丹银行虽然最初也是应布匹进口商的要求而设立的,但由于当时经济贸易的迅速发展,这家银行发现在原有银行框架内已不能真正使支付体系顺畅、有效,于是进行了一个具有划时代意义的货币改革,即用银行券代替硬币,并仿效威尼斯银行的做法,要求进出口商在该行开立账户,办理数额在 600 佛罗林以上的汇票。在此后的 150 年中,阿姆斯特丹一直是欧洲的金融中心,同时也是欧洲贸易与支付的中继站。阿姆斯特丹银行取得的意外成功,引致了其他地方随之仿效。1616 年在米德尔堡、1619 年在汉堡、1621 年在德尔夫特、1635 年在鹿特丹都纷纷建立了这种银行。1656 年成立的瑞典银行①,又在阿姆斯特丹银行的模式外,开办了证券抵押贷款业务,使新式银行的金融业务得以迅速扩展。

这里有必要特别提及,阿姆斯特丹银行用银行券代替硬币的做法,在金融发展史上值得大书一笔。它开金属货币向信用货币发展之先河,并为银行后来用提供"廉价货币"的办法促进经济发展开辟了道路,这一重要尝试的意义在此后 300 年间得到充分的体现。

在阿姆斯特丹银行之后,最有代表性的新式银行——英格兰银行

---

① 瑞典银行 1668 年被收归国有,从而成为世界上最早的中央银行,1968 年该行在成立 300 年大庆时,设立了经济学奖基金。

在1694年成立。在英格兰银行筹备成立的酝酿过程中,一些支持者和建议者的出发点仍然是为了解决支付体系而促进贸易发展,贷款也只是限定在向贫困的消费者发放,而不是为工商业提供资金。英格兰银行成立的另一个直接目的是为了销售战争期间(1688—1697年与法国人的"九年战争")的国债。但当英格兰银行成立后,以威廉·帕特森为首的创始人把银行业务大大向前推进了一步,他们更加关注的是从银行经营中获利和提高银行的社会政治地位。为了达到这一目的,银行改变了对国家的支持关系,用提供120万英镑的办法取代了永久性的每年缴款10万英镑的原定做法。英格兰银行把经营获利作为中心目标使银行在其发展史上迈出了关键的一步,开辟了银行向产业化发展的道路。英格兰银行把业务重点放到既提供服务又能够获利的项目上,确立了向现代银行发展的基础,同时也确立了银行在全社会中的地位。要使银行经营获利,必须把银行吸收的存款作为可支配资本来经营,也使货币供给者把货币作为资本来让渡的要求在更广泛的范围内被社会所普遍接受。同时,银行追求利润的动机也促发了银行业务的不断创新和自身效率的不断提高,为全社会范围内的资本积累和资本作用的发挥提供了重要条件。英格兰银行的经营模式,极大地促进了英国贸易和工商业的发展,大约在1730年前后,伦敦在贸易方面取代了阿姆斯特丹;在拿破仑战争期间,又在货币交易方面超过了阿姆斯特丹,成为欧洲及世界的金融和贸易中心。

1.2.3 新式银行加快了资本主义制度确立的进程

新式银行在资本主义制度确立过程中的功绩主要通过两个方面体现出来:一是促进了生产力的快速发展和资本主义新生力量的成长;二是为资本主义企业制度的建立提供了条件。

1. 新式银行的出现,使货币、信用活动逐步与贸易、新兴工商业和新式农业的发展结合在一起。贸易虽然在新式银行出现之前在欧洲已发展了若干个世纪,并引出了早期银行的产生,早期的银行家也都是从经营贸易的商人中产生的,但在17世纪新式银行出现之前,货币与信用对贸易的贡献还只是保持在顺时应变上,贸易规模的增长还是比较缓慢的。新式银行的出现,在提供更加快捷完备的支付体系的同时,开始为贸易提供资金融通,使国内批发商和进出口商能够超出自己的资本积累而从事更大量的贸易活动。国际贸易中心从一般的商品集散地逐渐转移到新式银行业最发达的国家和城市。在阿姆斯特丹银行建立的时候,其所在城市经济贸易发展在西欧还不占主要地位,由于阿姆斯特丹银行的业务创新,极大地方便了当地贸易,很快该所城市便成为欧洲繁华的国际贸易中心,并维持其统治地位约150年。1694年英格兰银行成立之后进行的"金融革命",使阿姆斯特丹银行相形失色,这家银行的辉煌业绩使伦敦在30多年后取代阿姆斯特丹成为新的贸易中心,到18世纪20年代,伦敦金融中心的地位在欧洲奠定了不可动摇的基础。英国在这一时期从一个不引人注目的国家发展成为世界第一的贸易大国和经济强国,以英格兰银行为代表的新式银行的发展在其中起到了重要的作用。

新式银行业在促进贸易发展的同时,还为新兴的工商业和新式农业提供了强有力的资金支持。

在新式银行业出现之前,商品经济的发展已取得了较大进步。特别是在西欧,由于农业和手工业的结合原本并不完全是在农奴家庭内部,而是以庄园为整体,这就使西欧的手工业容易脱离农业而成为独立的部门,社会生产容易走向专门化。到15和16世纪,欧洲一些大城市中已有几十种,甚至几百种手工业行业,如纺织、酿酒、食品、农具制造等都脱离农业而独立出来,成为新的工业部门,并形成了若干工业中心。与此同时,农业也从传统的自给型向商品型转变,出现了商品农业区,如荷兰的奶牛和奶制品区、法国的香槟地区和德国莱茵的葡萄及葡萄酒地区、西班牙格兰那大的生丝地区等。在新兴工商业发展的过程中,新兴资产阶级曾和封建专制王朝联合在一起,采取了血腥残酷的"原始积累"方式,如英国的"圈地运动"和法国的"价格革命"。英国的"圈地运动"使封建庄园变成了资本主义的牧场;法国的"价格革命"破坏了封建地主占有制,使资本主义因素渗入到广大的农村。但就总体说来,在17世纪新式银行业出现之前,农业和手工业基本上还是完全依靠自身积累的力量向前发展。新式银行业的出现和金融中心的形成,为传统农业向新式农业的转移和新兴工商业的广泛兴起注入了巨大的力量,使新式农业和新兴工商业开始依靠社会积累的力量向前发展,也就是农业和工商业的发展开始具有资本主义的性质。一些手工业者和商人利用银行融资,并在银行业务创新的基础上实现资本的联合。所以,开始于15和16世纪的原始积累在17世纪之后,以社会的资本积累的形式加速进行,这就使资本主义性质的新兴工商业和农业获得了迅速发展。

新式银行在促进资本主义新生力量成长的过程中,对技术革新的支持也起到了至关重要的推动作用。

在人类发展史上,技术革新一直是重要的推动力。生产力的每一次飞跃,基本上都是由技术革新带动的。在15和16世纪之前,中国是世界上最发达的国家之一,它创造了封建社会最强大、最先进的社会生产力。实现这种辉煌的原因是多方面的,但其中最重要的一个应归功于生产技术的不断革新和始终保持领先水平。15世纪之前的西方,之所以落后于中国,主要原因之一也是生产技术的落后。但在15—18世纪,欧洲国家在各方面都发生了质的变化,并很快超过中国居世界领先。在这一转变过程中起重要作用的因素之一,同样是技术革新和长达近一个世纪的工业革命。在欧洲大规模的技术革新和工艺革命之前,文艺复兴起了先导作用。开始于 14 世纪的欧洲文艺复兴,历时两个多世纪,从意大利扩展到德、法、英、荷,几乎覆盖了整个欧洲。文艺复兴不仅带来并逐步确立了资产阶级思想的主导地位和文学艺术的繁荣,而且迎来了近代科学技术的黎明,先后出现了哥白尼、伽利略、布鲁诺、哈维等一大批科学巨星。科学发明为技术革新和工业革命创造了前提。但是将科学发明转化为技术革新和生产力,还需要一系列必不可少的社会经济条件,其中,大量的资金支持当推首位。在 17 世纪新式银行出现之前,单个资本的积累还不足以对科学发明向生产力的转化提供足够的资金支持,而新式银行的广泛兴起和资本积累的社会化使这一转化真正成为现实。这便是欧洲的重大科学发明开始于 15 和 16 世纪,而技术革新的广泛推进发生在 17 世纪之后的重要原因所在。新式银行以及由此带来的金融业务创新,通过对技术革新提供强有力的资金支持,而使科学技术向生产力的转化变为现实,并与对贸易、新兴工商业和新式农业的支持结合在一起,极大地促进了资本主义新生力量的迅速成长。

2. 新式银行业的发展为资本主义企业制度的建立提供了条件。资本主义制度确立的标志之一是一大批新式企业的建立。15 和 16 世纪快速发展起来的工场手工业虽然也具有资本主义的性质,但真正按资本主义生产方式经营的企业却是在 17 世纪之后兴起的。以新式银行为主体的金融业在资本主义企业制度建立的过程中通过二条渠道作出了贡献:(1)促进了资本的联合。新式企业的最大特征是跳出个人资本的局限,实现社会资本的联合,实现这种资本联合的一个重要形式是股份公司。而新式银行通过为股份公司代理发行股票、代付股息和建立股票转让流通市场为股份公司的发展开辟了道路。(2)为新式企业的社会筹资提供便利。新式企业的发展在实现资本联合的同时,还最大限度地筹集社会资金以补充其生产资金的不足。企业筹集社会资金的一个主要形式是发行有价证券（债券和股票），而银行通过代理证券发行、代办证券转让和还本付息等业务为企业和公众提供了便利，为社会资本的广泛联合和充分运用开辟了另一条途径。（3）通过直接提供银行信用扩大企业资金。在新式企业发展过程中，银行业实施了一系列的金融创新措施，其中最主要的便是向企业提供贷款。同时，银行还通过对商业票据办理承兑、贴现、抵押放款等方式把商业信用转化为银行信用，克服了商业信用在时间上和方向上的局限性，使信用范围和规模大大扩展，从而为新式企业的蓬勃发展提供了条件。

3. 在资本主义制度确立的过程中，把借贷利率纳入资本主义生产关系之内也是一个关键的问题。资产阶级取得这一胜利的办法就是兴办自己的银行并促使旧的金融机构转变。在新式企业发展的最初阶段，高利贷还是民间融资的主体，而极高的利率限制了资本家的融资活动，制约着企业的发展。虽然在古代的中国和中世纪以前的西方，就有人对放债取高息的做法给以反对，甚至中世纪的西方教会还制定过许多限制高利贷的清规，但由于资本主义以前的社会经济条件，在经济生活中高利贷实际上占主导地位，就是西方反对高利贷的教会事实上也都是高利贷的贷放者。随着资本主义因素的成长和商品经济的发展，在资产阶级致力兴办各类新式企业时，人们手中积累的货币和暂时闲置的货币已有不小的规模，形成了一定数量的货币资本供给，于是建立新式银行并把利息率降低到资本平均利润率之内，便成为资产阶级的明智选择。而事实上，正是这些新式银行通过较低利息的贷款有力地支持了各类新兴企业。同时新式银行的蓬勃发展和强有力竞争，也使高利贷者和旧式银行业逐渐接受了资本主义生产关系的要求，这就在资本的供给方面实现了重大转变。同时迅速扩大的商品生产和新式企业的发展也使资本需求不断增加。以新式银行为主体的金融业通过不断的业务创新为货币资本供给者和需求者之间的借贷融通提供方便和条件。把利息率纳入资本主义的利润率体系，为资本主义制度的确立和资本主义经济的发展创造了资本运用的基础，为资本规律作用的充分发挥提供了前提。

1.2.4　金融作用：从适应性向主动性的转变

17世纪新式银行的建立，是金融发展史上一个重要的里程碑，它标志着金融范畴的正式形成，也使货币与信用对经济的作用发生了质变。在此之前，金融——严格说来是货币与信用——对经济的作用主要是适应性的。虽然15—16世纪这种适应性作用的力度比15世纪前表现得更为强大，但终究还未成为促进经济发展的主动力量。新式银行的成立，使金融作用发生了质的转化。这种转化的主要标志是银行"廉价货币"的提供。所谓"廉价货币"，有两重含义：(1)相对于金属货币来说，银行提供的信用（最初主要是银行券）是"廉价的"，并且在技术上可以超过金属货币量的限制；(2)相对于高利贷而言，新式银行促使借贷利率被纳入资本主义生产关系之内，所提供的货币是低利的。银行"廉价货币"的提供，使经济发展在单个资本和社会资本积累之外获得了新的货币支持，推动着生产不断扩大。因此，新式银行的成立，在促使金融范畴形成的同时，也使金融成为一支相对独立的力量，金融对经济的作用也就从"适应性"的转变为"主动性"的。

1.3　20世纪前金融在资本主义经济走向繁荣过程中的作用与贡献

1.3.1　金融与18—19世纪西方工业革命

资本主义制度确立之后，西方经济发展进入了快车道，以前所未有的速度向现代化社会挺进。18—19世纪的工业革命是加速这一进程的主要动力,而金融又为工业革命的成功提供了重要支持。

英国的工业革命,开始于18世纪60年代,完成于19世纪40年代,历时约80年。继英国之后,法国、美国、德国等也在18世纪末和19世纪上半叶进行了这一伟大的生产力变革。恩格斯说:"分工、水力,特别是蒸汽力的利用,机器的应用,这就是18世纪中叶起工业用来摇撼旧世界基础的三个伟大的杠杆"[①]。英国的工业革命首先是从棉纺织业开始的,棉纺织业的机械化推动了煤炭工业、钢铁工业的发展,进而扩展到几乎所有的行业。工业革命使手工工场的小生产完全变成了现代工厂的机器大生产。马克思说:"机器只是一种生产力,以应用机器为基础的现代工厂才是生产上的社会关系"[②]。在工业革命开展和现代工厂制度确立的过程中,资本的积聚和集中提供了重要前提。在英国工业革命之前,海外贸易已有了很大发展,英国新兴资产阶级不仅在本国贸易的生产中积累了建立现代化工厂的资本,而且还将在殖民地贸易中赚取的巨额利润转化为投向国内大工业的资本,这就使英国近代大工业的建立有了雄厚的和源源不断的资本支持。同时,股份制度的企业组织形式和金融业务的扩展也强有力地促进了工业的崛起。

工业革命的一个重要特点是技术革新伴随其整个过程,而迅速成长起来的金融业又促进了技术革新。资本主义生产方式的确立激起了生产对科学技术的追求,科学发明在资本主义制度确立过程中已迎来曙光的基础上,在资本主义制度下又迎来最辉煌的时期,一项接一项的伟大发明层出不穷,如日中天。科学发明的重点也从理论发现、学说创立更多地转向了技术创新和工业操作,所有的成果都能够及时转化为生产力。仅以蒸汽机为例,在1790年瓦特发明了单缸蒸汽机;10年之

---

① 《马克思恩格斯全集》中文版第2卷,人民出版社1965年版,第300页。
② 《马克思恩格斯全集》中文版第4卷,人民出版社1965年版,第163—164页。

后，1800年美国的伊万斯和英国的托别维西克就发明出了高压蒸汽机；仅过4年，英国的符尔弗又把瓦特的单缸蒸汽机改为双缸复式蒸汽机；随后，高压蒸汽动力装置开始应用于工业生产过程，等等。推动这场技术革新蓬勃发展的动力之一，来自于纷纷兴办的各类科学技术团体，而科学技术团体的研究资金主要来自于三个方面：一是政府拨款；二是实业家赞助；三是金融机构融资。在工业革命中兴办的科学团体主要有1766年成立的英国伯明翰太阳学会、1781年成立的曼彻斯特科学技术协会等。同时，英国各种专业学会纷纷设立，如植物学会、地质学会、化学协会等。到18世纪末，英国共有科学团体100多个，1831年成立了全国性的国家科学促进会。1797—1815年间，美国总统杰弗逊还亲任包括农艺、医学、天文等科学在内的美国哲学学会的会长，并给科学研究拨付专项政府基金。科学技术团体的成立，集中了几乎全部科学家的智慧，使各类发明和革新一浪高过一浪，出现了普遍繁荣的局面，其结果便是西方经济的迅猛发展。1848年，马克思在描述这一时期西方经济面貌时写到："自然力的征服，机器的采用，化学在工业和农业中的应用，轮船的行驶，铁路的通行，电报的使用，整个整个大陆的开垦，河川的通航，仿佛用法术从地下呼唤出来的大量人口——过去哪一个世纪料想到在社会劳动里蕴藏有这样的生产力呢？"[①]金融在这场伟大的工业革命中通过两个方面作出了重要贡献：一是促进了资本的积聚和集中，为工业革命提供了条件；二是为科技发明提供了资金支持，从而支撑了工业革命的完成。

1.3.2 金融促进了资本主义企业制度的确立

在资本主义制度基本确立之后，经过18—19世纪的工业革命，西方经济迅速走向繁荣。在这一过程中，先进的企业制度起着基础性的

---

① 《马克思恩格斯选集》中文版第1卷，人民出版社1995年版，第277页。

作用,而金融的发展是建立这种企业制度的必要条件之一。

股份公司是资本主义企业制度的主要组织形式,西方经济的繁荣在很大程度上可以说是在股份公司的发展壮大中实现的。早在古希腊罗马时代,商人们就曾采取合伙经营的形式,把分散拥有的原材料、生产工具、资金集中使用,共同经营。但在当时的生产力水平下,这种合伙经营的方式还只能局限在较小的范围和规模之内。随着生产力的发展,合伙经营方式的企业也在不断发展,范围和规模逐步扩大。但是,真正取得资本主义企业制度主体地位的还不是具有久远历史的合伙经营,一种更加优越的企业形式——股份公司迅速成长起来。从根本上说,资本主义制度的确立是股份公司产生的社会基础,商品经济的发展和货币资本存量的增长是其经济基础。但股份公司成为资本主义企业的主导形式仅有这些基础还不能成为现实,其间起关键作用的另一因素便是金融业的发展所提供的技术和市场条件。股份公司的基本特征是通过发行股票实现资本的联合。由于资本所具有的内在统一属性,资本的联合要求同资同利;又由于所有者资本数量的差异,最大限度的资本社会化必须采取等额股份的形式。而要做到这一切,很显然,没有金融的发展是不可能的。金融发展在促进收入向资本转化的同时,在技术上提供了股票发行和转让的条件。股票作为规范化的资本联合工具,它的广泛发行必须在金融发展达到一定程度的前提下才能实现。另一方面,要保证股票发行市场的畅行无阻,还要有一个完善的股票转让流通市场。金融机构的发展和金融业务的创新为股票发行市场和流通市场的建立准备了条件,保证了股份公司的顺利发展。股份公司的兴起有力地促进了资本主义经济迅速走向繁荣。马克思曾高度评价了在金融发展基础上产生的股份公司的伟大历史作用,他指出,如果没有股票、债券集资,仅仅依靠单个资本积累到能够修建铁路的程度,那么,恐怕现在世界上也还仍然没有一条铁路。

金融对股份公司产生的贡献还在于金融机构本身的示范作用。股份公司最早产生于两个领域：一是与金融直接相关的贸易领域，如英国在1600年设立的东印度公司，便是以贸易活动为主要业务的第一个正规的股份公司；二是金融领域，1694年成立的最有代表性的新式银行——英格兰银行就是按照股份制度形式兴办的。在英格兰银行取得成功一个多世纪之后，工商业中的股份公司才迎来迅速发展的时期。首先是在急需发展而又需要大量资本的交通运输、邮电等公共事业部门；到19世纪中叶，随着工业革命的深入，纺织业、轻工业、冶金业、机器制造业、陶瓷业、玻璃业等才普遍涌现出了各类股份公司。股份公司为生产筹集了大量资本，在确立新式企业制度的同时，也极大地促进了生产力的发展。进入20世纪，英国的股份公司发展更为迅速，第一个10年建立股份企业5万家，第二个10年建立6.4万家，第三个10年建立8.6万家，到1930年英国90%的资本均处于股份公司的控制之下。[①] 在美国，最早的股份公司也是出现在金融业。1790年成立的美国第一家银行开美国新式企业制度之先河，之后扩展到美国工业化过程中的主导产业。美国早期的主导产业是交通、通信等公益事业，19世纪末转变为钢铁、汽车、石油等产业，20世纪中叶又发展为电子、信息、宇航、生物工程等新兴产业。到60年代，美国股份公司已占企业总数的80%。德国、法国等西方主要国家大致也经历了这一过程。

可见，股份公司的产生和发展伴随着资本主义经济走向繁荣的全过程，更准确地说，资本主义的繁荣是在股份公司的发展过程中实现的。而金融在股份公司的发展中提供了重要条件，发挥了重要的推动和引导作用。

---

① 郭振英：《证券市场及其交易所》，北京航空学院出版社1987年版，第10页。

1.3.3 金融发展与经济大国的形成

如果说金融在促进工业革命完成和确立资本主义企业制度过程中起到了重要作用,那么,到19世纪末和20世纪初,金融的作用就更加突出。

17—18世纪的工业革命带来了生产力的高度发展,以股份公司为代表的资本主义企业制度的确立使生产的社会化成为不可扭转的趋势。生产的社会化又通过卡特尔、辛迪加等形式迅速走向集中。到19世纪末和20世纪初,英、美、法、德等几个发达的资本主义国家,其全部工业的产值,差不多有一半掌握在仅占企业总数的1%的少数大企业手中。英国经济学家约·阿·霍布森把这种高度垄断的资本主义称为"帝国主义",并于1902年在伦敦和纽约出版了《帝国主义》一书。生产的垄断是通过资本的垄断实现的,如美国1900年成立的美孚石油公司,当时的注册资本便达到1.5亿美元。在资本垄断的发展进程中,处于领导地位的是银行业,银行业的作用主要体现在三个方面。

第一,银行业务的积极扩展为资本集中不断创造着有利条件。这主要是通过代理发行股票、债券,代办利息和红利的支付,开办证券转让业务并成立证券交易所,提供信息咨询,沟通企业与投资人之间的联系等实现的。

第二,银行自身资本的集中在金融领域率先形成垄断。资本主义经济的发展,从一开始就伴随着激烈的竞争,而竞争在银行系统内部表现得最为淋漓尽致。在竞争中小银行被大银行所排挤,大银行在国民经济中的地位不断上升。

第三,银行资本与工业资本的渗透融合,使金融资本占据了支配地位。银行自身资本的集中和业务扩展使银行逐步渗透到企业内部,同时,银行作用的上升也使一些工业资本家向银行投资,其结果便是银行资本与工业资本的密切结合。银行资本与工业资本相互融合的基本形式是双方互相占有对方的股票和互任对方的董事或监事。在两种资本的融合过程中,占主导地位的是银行。银行资本向工业的普遍渗透,使银行由普通的中间人变成了"万能的垄断者"。鲁·希法亭在描述这一现象时写道:"愈来愈多的工业资本不属于使用这种资本的工业家了。工业家只有通过银行才能取得对资本的支配权,对于工业家来说,银行代表这种资本的所有者。另一方面,银行也必须把自己愈来愈多的资本固定在工业上。因此,银行愈来愈变成工业资本家。通过这种方式实际上变成了工业资本的银行资本,即货币形式的资本,我把它叫做金融资本"[1]。列宁概括到,"生产的集中;由集中而成长起来的垄断;银行和工业的日益融合或者说长合在一起,——这就是金融资本产生的历史和这一概念的内容。"[2] 金融资本的发展伴随着银行业的集中产生了控制全部社会资本的"金融寡头"。里季斯在分析了法国金融资本的状况之后曾得出结论说,法兰西共和国是金融君主国。

银行资本的集中和金融资本垄断的形成促进了经济大国的形成。西方经济发展的过程表明,银行资本的集中、金融资本的垄断、金融发展以及金融中心的形成,不论是在时间序列上,还是在发展强度上,都与各国的总体经济发展水平相吻合,西方各国相对经济地位的变化也与金融发展程度密切相关。第二节的分析表明,阿姆斯特丹银行的建立和业务革新使阿姆斯特丹保持了 150 年的金融中心地位,从而法国在这一时期也是当时西方最发达的国家。1694 年英格兰银行的成立和更具革命意义的创新使伦敦取代阿姆斯特丹成为新的金融中心,从而英国在短短的几十年中便一跃而成为第一经济大国。19 世纪中叶,美国的金融业发展迅速,纽约很快形成一个与伦敦、巴黎、法兰克福相抗

---

[1] 《列宁选集》中文版第 2 卷,人民出版社 1995 年版,第 60 页。
[2] 同上书,第 613 页。

衡的金融中心,美国的经济也迅速成长起来,到19世纪80年代,美国的工业总产值已超过英国,成为世界第一经济强国。金融发展程度最高的美国、英国、法国、德国这四个国家,在经济上几乎支配了整个世界。1910年,全世界的有价证券总额大约是8 150亿法郎,而这四个国家就占到其中的80%,同期,这四个国家的工业产值总和也占世界总产值的3/4强。

1.3.4 金融作用增长与金融危机出现的辩证说明

金融在资本主义制度建立和迅速走向繁荣的过程中,发挥了重要的作用。其中银行券的发行并由此带来的信用货币取代金属货币的趋势以及银行业发展带来的利率降低使金融对经济的促进作用发生了一个质变。在此之前金融的促进作用主要通过便利交换和贸易表现出来;在此之后,金融的作用则突出表现在银行向产业提供资金支持上。银行的转账支付体系和信用货币的普遍被接受,使银行具备了"创造"货币的功能,这一功能的产生又使银行能够以超过其吸收的存款量发放贷款成为可能。这是经济和金融发展史上一个具有巨大意义的变革,它不但使社会资金得到最充分的运用,而且还在已积累的社会资金外提供了一个新的力量。

银行通过货币创造以大大超过原有资金来源的数额向实业界提供资金支持。对银行来说,提供这种信用货币成本是很低的;对接受者来讲它与实质资本无异。因此,当银行能够通过提供大量"廉价货币"以促进经济发展时,金融的作用就从"适应性的力量"变为"主动性的力量",这一转变使金融在经济中的地位发生了一次大的质变,也使经济发展的速度迅速提高。

银行在通过提供廉价货币成为经济发展的一支主动力量的同时,也随之带来了一些新的问题,如银行提供的廉价货币过多或信用过度膨胀时负作用也会产生。一个明显的情况是,银行的过度信用膨胀会加剧经济危机。虽然经济危机产生的深层原因不在金融,但金融却可能加剧这种危机。反过来,经济危机也往往导致金融本身的危机,形成恶性循环。

对金融作用的增长和金融危机的出现作何解释,金融危机是否抵消了金融作用的增长?能否把金融对经济的作用完全看成是两面的?经济发展史的研究表明,不论是历史考察还是理论分析,金融对经济的促进作用都是主要的,经济危机和金融危机的出现是对金融在前期经济发展中产生巨大推动作用的缓冲和调整,并且在危机后,金融的巨大作用会在更高的层次上展现出来。在危机发生的短暂时间里,从表面看好像金融的负作用很大,而从一个长时期过程考察,它对经济的推动作用仍是巨大的。在资本主义经济发展的整个时期内都是如此。

虽然金融危机不能否定金融对经济的推动作用,但当银行过度提供信用和数量无限扩张时,其对经济促进作用的效率会发生影响。超过社会需求过度提供信用或数量无限扩张在短期内对经济有巨大推动,但由于经济发展中其他推动因素的潜力制约,金融的推动作用会通过危机受到限制,被迫进行调整。不可否认,这种调整需要支付高昂的成本。虽然在危机后金融作用会再次爆发出来,但就总体效率而言,这种作用的周期波动却不会使效率达到最高。因此,按照社会需求和潜在资源的可利用程度扩张货币,会使经济持续平稳发展而不必经过危机的调整,金融对经济的促进作用会更大。这也是进入20世纪之后各国政府对金融实行特别管理的主要原因。

1.4 20世纪的金融变革与世界经济的飞速发展

即将走完的20世纪,从政治上看是一个战争与动荡的世纪,发生了两次世界大战,上百场局部战争以及苏联的诞生与解体,德国的分解与统一,东欧的剧变等等。但从经济上看,又是世界经济飞速发展的世纪,文明和进步取得奇迹的世纪。金融在这个世纪中对经济的推动作用比前几百年更加巨大。

1.4.1 以金本位为核心的国际货币支付体系的建立与一战前后的经济发展

在19世纪末期,随着西方国家的经济发展,以金本位为核心的国际货币支付体系也随之确立起来。国际支付体系的确立,使金融在促进国内经济发展的同时,也促进了国际间的交往与合作,为各国经济的国际化并从这种国际化联合中获得比较收益提供了条件。金本位制下信用货币(银行券)可以自由兑换金币,使信用货币具有良好的信誉,为金融作用的发挥奠定了基础。在1900—1914年的14年间,西方国家的经济都得到了比上个世纪更快的发展。1900年美国的国民收入为164.47亿美元,而到1914年达到308.71亿美元,增长了88%。[①] 德、日、英、法等国的经济增长也大大加快。

1914—1918年的第一次世界大战,中断了金融发展的进程,也破坏了世界经济的发展。战争爆发的原因自然主要是政治上的,但它却依然没有离开经济这个基础。战争的结果是欧洲几个主要国家经济力量的大为削弱和美国经济实力的大幅度上升。战后,英国欠美国的债务达41亿美元,元气大伤;战前被称为金融帝国的法国债务超过英国,成为美国和英国的债务国;德国是战败国,仅赔款一项,就达1 320亿金马克,还加上出口税26%(为期42年)。[②] 英国、法国和德国在战争

[①] 米尔顿·弗里德曼、安娜·J.施瓦茨:《美国和英国的货币趋势》,范国鹰等译,中国金融出版社1991年版,第145页。

[②] P.金德尔伯格:《西欧金融史》,徐子健等译,中国金融出版社1991年版,第404页。

中消耗了大量财富，直接受到战争的严重破坏，工农业生产水平大幅度跌落。只有美国和日本投机战争发了横财。美国通过向各国供应军需物资，提供贷款，增加资本输出等，从战前债务国一跃而成为大债权国，并取代英国成了世界金融资本第一中心。日本通过对中国的商品输出，加强了在远东和世界市场上的扩张，经济实力有了较大增长。1914年，日本输华货值1.6亿日元，到1919年则达到4.17亿日元。仅1917—1918年，日本在中国企业的资本就增加了3 000万日元。①

由于战争使美国、日本以外的绝大多数国家经济遭到了破坏，加上战时货币发行的超常规增加，造成了严重通货膨胀，致使战前建立的国际货币支付体系出现混乱，出现了历史上最为严重的金融危机，金融发展中断，从而严重影响了国际贸易、资本输出和经济发展。因此，战争引起的金融危机不能用来说明金融作用的降低和金融负作用的增强，而是战争破坏了经济，而金融也不能幸免。

由于战争破坏了稳定的国际货币支付体系，从而破坏了金融促进经济增长的基础，因此战后各国都充分认识到要恢复经济和贸易，必须重建国际货币体系，其中英国和法国做了最大的努力。英国政府在远远不能看到战争结局的1918年1月，就成立了一个战后货币与外汇委员会，由英格兰银行行长孔力夫领导。这个委员会提出，战争一结束就马上恢复英镑同黄金的可兑换并继续执行战前3英镑17先令10.5便士兑1盎司黄金的旧汇率。1920年9月至10月国际联盟行政院在布鲁塞尔召开了国际金融会议，试图尽快建立新的世界货币体系，但由于当时还没有就德国赔款的数量和方式作出具体决定，赔款与同盟国内部的债务问题尚未研究，所以，这次会议并未取得理想成果。1922年，英国和法国发起举行了热那亚会议，为恢复金本位制做了部署。由英

---

① 《中国近代经济史》编写组：《中国近代经济史》，人民出版社1976年版，第210、211页。

国人起草、会前经比利时、法国、意大利和日本的专家们修改的草案，规定了恢复金块本位制的具体办法。之后，英、法在国内实行了有限制的金块本位制，德、意等国实行了可兑换外汇并通过特定外汇兑换黄金的金汇兑本位制。但未等货币体系恢复正常运转，1929—1933年的世界经济大危机使重建战前货币体系的努力化为泡影。

1929—1933年的经济大危机，从表面看是由纽约股市暴跌引起的，并且首先表现为金融危机，但实际上，危机的主要原因在于一战结束后10年的经济过度繁荣和矛盾积累。在1920—1929年的9年间，美、日经济继续快速发展，英、法、德等国的经济也迅速恢复。美国1929年的国民产值比1921年增长了50%。同期英国增长了33%。在一战后经济的恢复和增长中，银行提供了大量的资金支持，金融的作用得到充分发挥，1929年开始的危机是对前期过度增长的大调整。从纽约股市暴跌的原因中便可看出这一点。在1929年10月之前，纽约股市的持续大幅度上涨已有一年多之久，而持续上涨的原因：一是经纪人融资贷款数量过大，1927年6月30日为36亿美元，1928年6月30日为49亿美元，1928年底为64亿美元，致使资金充斥证券市场；二是保证金交易使证券购买需求加大；三是欧洲的资金大量流入纽约股市。这些原因使纽约的股市已呈过高的局面。而在1929年第二季度美国的产业已达顶点。1929年9月，法国从英格兰银行提走了大量黄金，英国随之抽紧了银根，9月26日把贴现率从5.5%提高到6.5%。与此同时，由于德国的经济萧条已经开始，美国对德国的放款终止（美国向德国贷款是德国支付战争赔款的主要方式），而德国的赔款却得继续支付，于是德国的存款大量下降，商业银行的存款8月份减少了3.3亿马克，9月份减少了2.25亿马克，10月份减少了7.2亿马克。这些变化，抑制了欧洲资金向美国的转移，这加剧了本已过高的纽约股市的下跌趋势，10月份，纽约股市从升转降。如以1926年的股市行情为100，

1929年的9月份高达316，10月份开始下跌，12月份跌至147，其中10月24日的黑色星期四和10月29日的黑色星期二跌幅最为厉害。尽管如此，暴跌后的股市还是比1926年高出许多。由此可见，1929—1933年的大危机并不是金融对经济犯下的罪过，而是各种矛盾积累的爆发，是对过度高涨的矫正，也是对金融过度数量型扩张的调整。

1.4.2 金融作用的又一次质变：从主动性向先导性的转变

在二战之前的30多年中，西方世界虽然经历了一次世界大战和一次大经济危机，但就经济总体的整个发展过程来看，还是以上一世纪未有的速度在发展。在这个过程中，金融也发生了又一次大的质变，这就是金本位制的解体与金属铸币流通的终结。从国际支付体系来看，这一变化似乎是破坏了原有体系的稳定性，给经济发展造成影响，而实质上，这却是一大进步。金属铸币的流通、黄金与信用货币（银行券）的自由互换虽然在一定程度上保持了支付体系的稳定，但"黄金桎梏"也限制了金融对经济推动作用的发挥。因为在信用货币与黄金自由兑换的条件下，金融通过提供廉价货币支持经济发展的数量是有限的，不兑换信用货币的广泛流通为金融对经济发挥最大的推动作用铺平了道路，这是金融发展史上又一次大的飞跃。金本位制的解体、金属铸币流通的终结和不兑换信用货币的广泛被接受，使银行对信用货币的创造突破了原有金属量的限制，并且，信用货币可以在生产潜力允许的条件下先于生产而出现在经济生活中并带动经济的发展。这时，金融对经济的推动作用便从"主动性的"转变为"先导性的"。

1.4.3 布雷顿森林体系的建立与二战后世界经济的起飞

金本位制的解体、金属铸币流通的终结和不兑现信用货币的广泛流通，使金融的作用又一次发生质变，但要使金融的最大作用完全发挥出来,还需要同时建立在不兑换信用货币条件下新的稳定的国际货币支付体系,以保证金融在对内对外经济发展中的作用畅通无阻。因此,在金属货币和可兑换的信用货币(银行券)流通向不可兑换的信用货币流通发展的过程中,各国在明令停止黄金自由兑换的同时,对信用货币(纸币)规定了含金量,并纷纷建立了货币集团,如英镑集团、美元集团、法郎集团等。各集团内部规定货币比价、波动界限及支付安排,对本集团外的国际支付则严格限制。第二次世界大战的爆发又使这种集团货币体系受到冲击,延缓了金融这一质变的过程。

第二次世界大战的爆发不是偶然的。一战并没有解决资本主义各国之间的矛盾,1929—1933年的大危机又使这些矛盾加剧,西方垄断资产阶级都在寻找出路。德、意、日三个法西斯国家企图通过对外侵略的办法摆脱政治、经济危机并寻求新的霸权,于是发动了给人类造成巨大灾难的第二次世界大战。战争给世界各国经济再一次带来更大规模的下降。战争结束时,德、意、日这些战败国几乎成了一片废墟。厂房被毁,交通设施被破坏,企业几乎全部停产,政府、银行、公共部门已不复存在,百姓流离失所,维持生存都出现了困难。英、法作为战胜国其经济也受到了很大破坏。英国在1939年国民收入为235.38亿美元,黄金储备20.83亿美元,进出口总额61.81亿美元,钢产量1 343.4万吨,资本货物量占世界总和的14%。战争使英国经济出现了负增长,黄金储备下降了32.1%,进出口总额下降了14.5%,煤产量、工业品实物量都大大降低,只有钢产量等少数产品略有增加。[①]法国的情况更糟。1939年,法国的国民收入、黄金储备、进出口总额分别为208.24亿、31.29亿、19.26亿美元,钢产量790.8万吨。1945年,法国的国民生产总值仅相当于1939年的50.85%,黄金储备、进出

[①] 郝侠君等:《中西500年比较》,中国工人出版社1989年版,第487页。

口总额、钢产量、煤产量等都大幅度下降,工业生产指数下降了3/5,21%的蒸汽机车和65%的货车被毁,到战争结束时,只有17%的铁路可以使用。法国在战争中的损失,按1945年价格计算,至少达985.94亿美元,[①]是战前国民收入的五倍。战争破坏了世界经济,也阻碍了金融发展的进程。

战争结束后,资本主义各国为了支付庞大的军事开支和医治战争创伤、稳定本国经济,加强了外贸管制和外汇管制,而这种管制又阻碍了国际贸易和经济发展,因此,要尽快恢复经济,迫切需要进行国际合作,重建国际货币金融体制,以促进世界经济贸易的发展。而事实上,加强国际合作,重建货币金融体制的努力,在战争后期即已经开始了。在第二次世界大战尚未结束时,一些政治家、经济学家和金融学家为了战后尽快医治创伤、恢复经济,已着手研究经济复兴与合作问题。他们总结了两次世界大战期间国际货币关系混乱给各国经济造成重大损失的沉痛教训,提出战后的经济恢复与合作必须从建立国际金融新秩序和统一的货币体系入手。1943年,英、美各自提出了一个战后货币计划。英国是由凯恩斯提出的"国际清算同盟计划",美国是由怀特提出的"国际稳定基金计划"。凯恩斯主张战后建立一个国际清算同盟,在自由兑换原则下,来稳定各国货币,并创立一种以黄金为基础的国际货币单位,叫Bancor。怀特主张建立一个国际货币基金,以黄金为基础,在自由兑换原则下,来稳定货币,并创立一种与美元发生联系的货币单位,叫Unita。1944年7月,英、美等44个国家在美国新罕布尔州的布雷顿森林召开了第一届联合国货币金融会议,讨论战后国际货币制度问题,会议通过了以怀特方案为基础的协定,决定建立国际货币基金组织和国际复兴开发银行,并确立了新的世界货币体系,也称为布雷顿森

[①] 郝侠君等:《中西500年比较》,第490页。

林体系。两个国际金融组织的建立和新的世界货币体系的确立,是世界金融发展史上,也是世界经济发展史上一个重要里程碑,它不但迎来了战后金融发展的黄金时期,也保证了战后世界经济的迅速恢复和各国经济的迅速起飞。

布雷顿森林体系是以美元为中心的世界货币体系,其核心是第二次世界大战后的固定汇率制度。这个固定汇率制度的特点有四:一是规定美元与黄金挂钩,其他国家货币与美元挂钩。国际货币基金组织规定,以1934年美国规定的1盎司黄金等于35美元价格为固定官价,即1美元等于0.888671克黄金,不经美国政府同意,不能随意变动。美国则承担各国中央银行可按官价兑换黄金的义务。二是固定各国货币的含金量,从而固定各国货币与美元之间的汇率。国际货币基金组织规定不经它的同意各国货币一般不得轻易改变含金量,如果变动超过10%,必须经过许可。三是规定各国汇率和黄金价格变动的弹性范围即上下限。各国外汇即期交易价格和黄金买卖价格只能在法定平价范围内波动,汇率和金价的变动不得超过固定汇率或黄金官价的上下各1%。四是各国政府和中央银行有义务维持固定汇率,如波动超过1%,必须进行干预。这些规定表明,美元处于中心地位,起着世界货币的职能,其他各国货币则依附于美元,使美元等同于黄金,成为资本主义世界最主要的清算货币和储备货币。同时,根据《布雷顿森林协定》,1945年12月17日国际货币基金组织和世界银行(即国际复兴开发银行)正式成立。货币基金组织的基本职责主要是监督和保持有序的货币体系,促进贸易平衡和成员国国际收支平衡,推进自由贸易和完善支付安排,通过贸易发展来刺激就业和实际收入增长。世界银行职责则主要是为经济发展融资。这两个机构像两个支柱,支撑着世界经济和金融秩序的架构。

布雷顿森林体系以美元为中心,是美国经济实力在二战中急速增长的结果。美国是在第二次世界大战中唯一没有受到战争破坏的大国，不仅如此，二战使美国的经济实力大增。开始于1930年的大萧条实际上到二战爆发还没有完全结束，1938年美国生产2 640万吨钢，而还有2/3的钢厂闲置。战争不但医好了大萧条时期的开工不足和失业，而且把美国潜在生产力全部动员起来。因此，虽然美国在二战中耗资3 000亿美元，但由于生产的高速发展，战争结束时，美国在经济上不但是最强大的国家，而且取得了压倒性的优势地位。1939—1945年，美国的人均收入增长了1.5倍，达1 378.99美元，国民生产总值增长112.5%，达2 119亿美元。① 1945年，美国工业产值占到资本主义世界总值的60%，美国生产的产品占全球产量的1/3，出口贸易也占全球的1/3，黄金储备达200多亿美元，占世界黄金储备的3/4。② 此外，美国还通过《租借法案》向盟国提供援助，获得近500亿美元的债权。在战争的5年中，美国的物价总共上升了33%，而同期法国的通货膨胀率为1 345%，意大利为4 735%。③ 战争使美国在政治、经济、军事等各方面都取得了压倒优势，这为美元的霸权地位创造了特殊条件。美国正是凭借这样的优势地位才使布雷顿森林会议建立了以美元为中心的国际货币体系。

以美元为中心的国际货币体系，确立了美元在西方资本主义世界金融霸主地位。这种特殊地位有利于美国的商品、资本输出和经济的持续发展。但客观上，比较稳定的固定汇率制，对战后资本主义经济的恢复和发展、国际经济联系的扩大起到了积极的保证作用。

比较稳定的国际货币体系的建立和不兑现信用货币取代金属铸币与银行券，使金融对经济的推动作用得到充分发挥，并使金融在全部经

---

① 郝侠君等：《中西500年比较》，第492页。
② 吴念鲁：《国际金融纵横谈》，第45页。
③ 肖炼：《世界经济格局变化的动力学》，世界知识出版社1993年版，第60页。

济发展推动因素中的重要性大大提高。

在金融以及其他因素的推动下,战后整个世界经济取得了迅猛发展,迎来了历史上最为辉煌的经济起飞黄金时期。

两次世界大战之间,国际贸易的增长速度年平均只有0.7%,而战后增长率迅速提高:1948—1960年为6.8%,1960—1965年为7.9%,1965—1970年为11%。① 在1950—1970年的20年中,国民生产总值的平均年增长率美国为6.4%、英国为7%、原联邦德国为10%、法国为10.8%、日本为15.3%。扣除通货膨胀因素,实质增长率分别为3.6%、2.8%、6.6%、5.3%和10.3%。②

1.4.4 完全信用货币制度与金融先导性作用的发挥

战后各国经济的迅速发展,使世界总体经济对货币的需求大大增加。在布雷顿森林体系下,这种货币需求的增加,又突出表现为对黄金储备的需求和对国际支付手段——美元的需求大大增加。而黄金产量的增长,远不能满足对其更大需求的增长,致使黄金储备下降。1949年,美国的黄金储备大约为7亿盎司,占世界官方储备的70%,到1971年,则降到2.89亿盎司。同时,美国的贸易逆差和资本外流,使美联储不能及时履行美元与黄金按官方价兑换的义务,发生"美元危机"。从1960年10月到1973年3月,美元危机共发生了10次。虽然国际货币基金组织1969年创立了特别提款权以补偿美元清偿手段的不足,但仍不能从根本上缓和美元危机。1971年8月15日,尼克松宣布实行新经济政策,对外暂停美元兑换黄金,不再维护美元平价,汇率听其浮动,并征收10%的进出口附加税以改善国际收支。1971年12月,美、英等"十国集团"财长在华盛顿达成协议,即《史密森学会协议》,商定美

---

① 吴念鲁:《国际金融纵横谈》,第45页。
② 根据国际货币基金组织1983、1984年年报计算。

元贬值7.8%，每盎司黄金官价上升到38美元并仍停止兑换黄金，取消10%进口附加税，这一协定又维持了一年。1973年初，危机再现，美国政府被迫再次宣布美元贬值10%，黄金官价提高到每盎司42.22美元，不久，又宣布完全取消黄金官价，固定汇率制终结。

布雷顿森林体系的解体，信用货币与黄金的脱钩，完成了金属货币制度向信用货币制度的彻底转变，一个完全意义上的信用货币制度开始了。在完全的信用货币制度下，货币供给在技术上已解除了所有限制，为金融对经济先导作用的充分发挥解除了最后一道障碍。

在完全的信用货币制度下，金融与经济的主要矛盾从货币供给不足转移到货币供给可能过度增长上来，因此，以调节货币供给为中心的金融政策成为国际经济发展中最为重要的政策之一。

1.4.5 金融的快速发展与世界经济新格局的形成

70年代完全信用货币制度的建立，促进了世界各国金融的快速发展。发达国家的金融创新呈日新月异之势。在金融机构体系上，种类和数量迅速增加，特别是非银行金融机构发展更快。银行与非银行金融机构之间的业务大量交义，商业银行向综合化、多样化方向发展。金融工具的创新更快，一种新工具尚未熟悉，另一种新的工具又被创造出来。金融业务在技术上实现了现代化，许多新技术革命的成果率先在金融业普遍推广使用，如银行资料处理、票据交换清算的电脑化，多用途电子卡及电子出纳机的广泛设置，等等。各类金融创新加快了金融发展的进程，也使货币的概念不断扩展。不但账簿上的存款数字是货币，正像黄达教授所描述的："在计算机的存储器和磁记录媒体中那些肉眼看不见的信号也是货币。而且当银行允许顾客超过存款额进行透支时，在允许透支的限度内，可签发支票或使用信用卡结算，这时，货币不仅不存在丁衣袋内，也不存在于账户和磁媒体中，而只是存在于一种负债的允诺形式之中"①。金融创新和货币概念的扩展,虽给货币当局对货币供给的控制增加了难度,但却把金融对经济的作用推至极大。同时,金融政策的重要性更加突出。

在金融快速发展的过程中,美国起着领导和示范的作用,特别是在金融业务和金融工具创新方面。但由于世界各国的金融发展和经济成长,美国金融的霸权地位相对降低。日本和西欧各国的金融发展与经济增长取得了惊人的成就。在布雷顿森林体系解体和完全信用货币制度建立的过程中,欧洲各国不断地推进货币联合的过程,各国政府和中央银行联合行动,维持货币汇率和统一干预行动。1979年3月建立的"欧洲货币体系"有力地促进了这些联合,也使欧洲经济逐步走向一体。欧洲货币体系的建立,既是实现大欧洲一体化的重要内容,又是实现欧洲政治、经济统一的重要条件。日元和以德国马克为代表的欧洲货币的崛起,改变了金融世界的格局。按照目前各国储备货币的比重和交易结算使用的货币来看,虽然美元仍坐第一把交椅,但与前期美元为中心的货币体系运转相比,其地位是大大下降了,代之而起的是美元、日元、西欧货币(以德国马克为首)的三足鼎立的局面。

与发达国家相比,发展中国家的金融发展还是远远不及的。但与发展中国家各自的发展历程比较,近几十年来进程是大大地加快了。特别是一些新兴工业国家,金融发展的进程更快,一些新的金融中心相继形成。欠发达国家也普遍建立和完善了与本国经济发展相适应的金融体系。不论发达国家还是新兴工业国家和欠发达国家,在新的经济增长中,金融发展的推动作用都明显大大增强了,金融已成为经济发展的一支先导力量。

金融发展在推动经济增长的同时,也带动和促进着世界政治、经济

---

① 中国大百科全书编委会:《中国大百科全书·财政税收金融价格卷》,中国大百科全书出版社1993年版,第23页。

新格局的形成。在 20 世纪行将结束的时候，世界经济格局呈现出两个明显的变化趋势。

1. 国家之间的经济联系愈益紧密，任何一个国家都已不可能脱离国际社会而独自发展本国的经济，都已自觉不自觉地被纳入了世界经济整体发展的轨道。如果说 19 世纪之前各国之间的经济发展虽有联系，但在总体上还是各自独立发展的话，那么，经过 20 世纪的大动荡、大改组、大融合以及科技发明和生产力巨大进步之后，到即将进入 21 世纪的时候，各个国家已经在各个方面紧密地联系在一起了。全球经济发展逐渐走向一体化，在这个过程中，科技的发展、金融作用的增强，在多种经济因素中起着先导的作用。各国对和平与发展以及人类生存环境改善的共同关注，使大家越来越走到一起。尽管矛盾仍然很大，经济现状又极不平衡，但联合发展已是不可逆转的趋势。

2. 在全球经济融合发展的同时，地区经济集团化的趋势也在加强。随着苏联的解体和东欧的剧变，全球范围内以军事为核心的政治集团逐渐消失了，但各种经济集团却呈现强化的趋势，各种经济共同体和自由贸易区应运而生。例如，欧洲经济共同体、北美自由贸易区、亚太经济论坛、东亚经济组织、南亚经济共同体、海湾经济共同体、加勒比海经济共同体、西北非经济共同体、中非经济共同体、南非经济共同体等十几个区域性的经济集团已经组建或正在酝酿组建过程中。

全球经济的融合发展和地区经济集团化趋势的出现，将会加速国际间的资本流动和货币结构的变化，这对下一世纪的金融发展必将产生深远的影响。

1.5 小结

世界经济发展史表明，近五百年来，金融作为经济发展的推动因素其重要性在不断增强,目前几乎已达到足以影响甚或决定整个国民经济发展的程度。

金融对经济的推动作用,最初是通过货币与信用这两个相对独立的范畴体现出来:货币以其自身的属性方便了交换和贸易,提供了财富积累的新形式——积累货币,从而为扩大再生产创造了前提;信用使生产要素得到了最及时充分的运用,并且使生产者能够超过自己的资本积累从事扩大再生产,同时也促进了资本的积聚与集中。因此,货币和信用为经济发展提供着重要条件和前提,也是推动经济发展的特殊力量。但在15世纪之前,由于商品经济处于很低的发展水平上,货币和信用的作用范围还很狭小,对经济的推动作用还只是"适应性的"。

15和16世纪,是世界历史上的重大转折期。商品经济逐步占据主导地位。商品生产的迅速扩大使货币和信用的作用范围得以扩展,货币财富的积累代替实物财富的积累成为主要的积累形式。随着积累的增加和生产的扩大,货币的供给和货币的需求也随之扩大,信用活动成为普遍的现象,并逐步与生产相结合。信用的发展使不流动的积累货币转变为流动的货币资本,既加快了货币流通速度,又增加了生产资本,扩大了生产规模。伴随着商品经济的进一步发展,货币和信用逐步联结为一体并渗透到全部的经济社会生活之中。货币和信用的融合在它们以各自的方式推动经济发展的同时,又以它们的结合提供了新的作用力。这一时期,金融在国民经济中的地位迅速提高,作用愈来愈强。但就总体看来,这种作用的性质尚未发生本质的转变,金融还未成为促进经济发展的主动力量。

17世纪初阿姆斯特丹银行银行券的发行与流通,是金融发展史上一个重要的里程碑,也是金融对经济推动作用产生一个飞跃的转折点。虽然银行券的最初发行是为了节约金属铸币和在支付体系内提高效率,但它却为后来信用货币制度的建立作了重要尝试,开辟了通过创造廉价货币以促进经济发展的道路。英格兰银行把银行券的发行扩展到用于向新兴工商业提供贷款支持,并把经营获利作为中心目标,又开辟了银行向产业化发展的道路。银行券的发行和银行把货币资本投向新兴工商业,使金融对经济的推动作用,从最初的"适应性作用"转变为"主动性作用",金融的地位发生了一次重要质变。

金融地位的上升和作用力的增强,促进了18—19世纪工业革命的完成和资本主义企业制度的建立,推动着资本主义经济迅速走向成熟。到19世纪末和20世纪初,世界主要国家的经济发展水平已达到相当高的程度。经济的快速增长又为金融发展不断创造着社会条件,各类大中小企业与金融机构的联系日益紧密,银行在为企业提供贷款的同时,还为企业普开账户,成为全社会的"公共簿记",使金融在经济中的地位再度增强。

在二战之前的30多年中,金融在其发展史上又出现一次大的飞跃,使金融在经济发展中的地位再次发生了一个质变。这便是金本位制的解体和金属铸币流通的终结。不兑换信用货币的广泛流通为金融通过提供廉价货币最大限度地推动经济发展铺平了道路,使其不再受各国黄金储备数量的制约,信用货币可以在生产潜力允许的条件下先于生产而出现在经济生活中,并带动经济的发展。这一重要转变使金融在经济发展全部推动因素中的重要程度大大提高。同时,金融对经济的推动作用也便从"主动性的"转变为"先导性的"。

70年代,随着国际货币体系中美元与黄金的彻底脱钩,完全意义上的信用货币制度建立起来了。在完全的信用货币制度下,货币供给在技术上已无限制,为金融在一定条件下最大限度地推动经济发展解除了最后一道屏障,随着日新月异的金融创新,金融对经济的"先导性作用"更加突出。

完全的信用货币制度,为金融最大限度地推动经济增长提供了充分必要条件。但新的问题也会同时产生。以保持良好金融秩序,从而充分发挥金融推动经济发展作用和提高发展效率为目标的金融政策,在国家整个宏观调控体系中的地位大大突出了。

第 2 章 金融与现代经济

世界各国的经济,在经过了几百年的快速发展之后,当历史行将跨入 21 世纪的时候,已经达到了相当发达的程度。不但美、日、德、英、法等西方主要工业国家是如此,即使那些原来基础较差的国家和地区,经过 20 世纪中后期的高速发展,也已经名副其实地进入了现代社会。这方面的突出代表是亚洲的"四小龙"以及南美的墨西哥等后起之秀。尽管目前各国的经济发展还带有很大的不平衡性,尽管各个国家的发达程度差异很大,但有一点是共同的,即金融已经与各国的经济密不可分。现代经济基本上已不存在没有金融的纯实物经济运行,金融已渗透到经济活动的各个方面,并且其影响力越来越大。由于金融在现代经济中所处的重要地位和具有的巨大能量,世界各国无不对金融问题给予最为广泛的关注。

2.1 现代经济中的金融运行

2.1.1 实物经济与金融的交融

自货币产生之后,经济体系便从纯粹的实物经济运行逐步演变为实物经济运行和货币运行交融进行。这个过程被经济学家称为经济的货币化。随着经济货币化程度的加深、信用的发展以及各种新型金融工具的不断出现,在货币运行层面上,其方式越来越复杂、内容越来越丰富。与金融——货币与信用完全融合为一体——的范畴相对应,我们可以把这种复杂化了的货币运行称之为金融运行。于是,现代经济体系便一方面表现为实物经济的运行,一方面表现为金融的运行。马克思在《资本论》中分析这种复杂化的经济运行时,从货币资本循环过程中考察金融的运行,从生产资本和商品资本的循环过程中考察实物经济的运行。美国的著名经济学家雷蒙德·W.戈德史密斯把金融的运行——通过金融工具的发行与流通——称之为"金融上层结构",而把实物经济运行——国民财富的创造——称之为"经济基础结构",认为现代经济的基本特征便体现在这种"金融上层结构与经济基础结构相互作用之基本关系"[①]之中。由于现代经济的运行时时伴随着货币的运动,有人便把现代经济称之为货币经济;由于经济运行与各种信用活动结合在一起,有人又把现代经济称之为信用经济;由于货币运动和信用活动结合在一起,有人更进一步把现代经济称之为货币信用经济或金融经济。货币经济、信用经济、货币信用经济、金融经济的提法都强调了货币、信用、金融在现代经济中的重要性。尽管这些提法并不一定真正科学,但它们都从一个侧面概括了现代经济的基本特征之一是实物经济运行与金融运行已交融在一起。

2.1.2 经济运行与金融运行

对现代经济的宏观分析,西方经济学者在起始点上都是通过把国民经济划分为几个部门来进行的,这种分析方法在80年代之后的中国也逐渐被采用,并呈现出统一化和规范化的趋势。国民经济部门的划分,在70年代之前,西方经济学比较一致的做法是划分为家庭部门(或个人部门)、企业部门(或厂商部门,包括银行等金融机构)、政府

[①] 雷蒙德·W.戈德史密斯:《金融结构与发展》,浦寿海等译,中国社会科学出版社1993年版,第3页。

部门和对外部门。在经济封闭型国家里,则只有前三项,称为"三部门经济";在经济开放型国家里,则称为"四部门经济"。在70年代之后,更多的学者把金融部门列为一个单独的部门,便成为"四部门经济"或"五部门经济"。在国民经济各部门内部和部门之间的经济活动中,都伴随着货币的流通和资金的运动,也即与金融运行结合在一起。

为了分析经济运行与金融活动的内在联系,可从最基本的两个经济部门即企业部门和家庭部门入手。企业部门是各类商品和服务的生产者,为社会提供其生产品以供消费;家庭部门是生产的基本要素之一——劳动的提供者。两部门之间的关系是极其明显的:家庭部门向企业部门提供生产要素(劳动),并通过要素市场获得相应的劳动收入;企业部门向家庭部门提供产品和服务,并通过商品市场获得产品和服务的销售收入。两个部门通过商品市场和要素市场联系起来。在商品市场上,企业部门是供给者,家庭部门是需求者;在要素市场上,家庭部门是供给者,企业部门是需求者。如果家庭部门将所得收入全部用来购买商品和服务,而企业部门则向家庭部门销售出全部的产出物,其销售收入用以各种要素的支付,则商品市场和要素市场的总供给和总需求都是平衡的。即使在这样一个最简单的经济运行中,仍然可以看出,实物经济的运行也是通过货币的运行实现的;企业用货币收入支付家庭部门的要素投入,家庭部门用货币收入购买商品和服务,金融运行伴随其中。如果家庭部门不是将全部的货币收入用于购买商品市场上的产品和服务,而是有一部分形成储蓄,那么企业部门所提供的生产品和服务就不能在同期内全部售出。在商品市场上便表现为总供给大于总需求,其差额形成库存。企业为了保证下一阶段的生产规模不变,便要寻求新的资金来源补充其投资的不足。而能够提供资金来源的只有家庭部门的储蓄。储蓄向投资的转化是通过金融市场进行的。于是,在企业部门和家庭部门之间,联系的渠道增加了,除了商品市场和要素市场之外,又有了金融市场这个间接联系渠道。金融市场上的活动完全属于金融活动,与商品市场和要素市场不同,除了企业部门和家庭部门之外,金融市场上的活动主体加入了一个新的部门,即金融机构。

在现代经济中,不管是资本主义国家,还是社会主义国家,政府的财政职能都在增强。政府在国民经济中的活动以及与企业部门和家庭部门的联系主要是通过税收、支出和发行债券三个方面进行的。政府的各项税收都是从企业部门和家庭部门取走的货币量,这个货币量由政府给予某些家庭的转移支付抵消了一部分,税收与转移支付之间的差额是净税收。税收是政府支出的前提。政府的支出与商品市场和要素市场、金融市场都有密切的联系。政府在商品市场上通过购买商品和服务将货币流向企业部门;在要素市场上通过支付政府职员的工资薪金将货币流向家庭部门;在金融市场上的活动主要是发行债券。当政府部门的收入不能抵补其必需的支出时,预算无法平衡,其差额便是财政赤字。赤字的弥补要靠借款,其方式一般是在金融市场上向公众和金融机构发行政府债券。目前,几乎世界上所有的国家都有大量的政府债券发行,如美国1993年的政府债券余额为33 098亿美元,占国民生产总值(GNP)的51.89%。可以看出,政府在现代经济中的活动都必须借助于货币信用形式来实现。

在开放经济中,国民经济活动除了企业部门、家庭部门和政府部门外,还要加上一个对外部门,对外经济是通过国际收支来反映的。国际收支顺差,表明国外资金的净流入;国际收支逆差,表明国内资金的净流出。

可见,在现代经济中,所有的经济活动都伴随着货币的收支和通过信用进行的资金运动而与金融运行密不可分。换句话说,现代经济基本上已不存在没有金融相伴的纯实物经济运行。

如果我们用经济总量和金融流量描述现代经济运行,经济与金融的密切联系和数量关系便看得十分明显。

在四部门经济中,经济总量即国民总产品(Y)或国民生产总值(GNP)等于家庭部门和政府部门的消费(C)与储蓄(S)以及进出口差额(X-M)之总和。如果储蓄完全转化为投资(I),则国民总产品或国民生产总值就等于全部的消费、投资与进出口差额之和,即 Y(或 GNP)= C+I+X-M。

假定家庭部门可支配收入为 1 000,其中 800 用于消费,200 用于储蓄,在 200 的储蓄中,160 存入银行,40 购买有价证券;政府部门可支配收入为 100,全部用于购买支付,另通过发行债券筹资 10 用于投资;企业部门的净投资为 220,其中向银行贷款 190,发行证券 30;对外部门净出口收入为 30,全部存入国内金融机构。那么,整个经济的融资数额为 230,也即家庭部门和对外部门的盈余 230 转化为企业部门和政府部门的投资 230。表 2-1 比较清楚地反映了经济总量、金融流量与各部门之间的融资关系。

表 2-1 经济总量、金融流量与各部门之间的融资关系

	家庭部门		政府部门		企业部门		对外部门		合计	
	运用	来源	运用	来源	运用	来源	运用	来源	运用	来源
可支配收入		1 000		100				30		1130
消费	800		100						900	
储蓄	200						30		230	
银行存款	160						30		190	
购买证券	40								40	
投资			10		220				230	
银行贷款						190				190
发行证券				10		30				40
融资总额									230	

可以看出,在经济和金融运行中,家庭部门是资金盈余部门,其盈余表现为储蓄;企业部门是赤字部门,其投资正是通过金融机构和金融市场从家庭部门的储蓄转化而来,政府部门一般也是赤字,通过向公众发行债券来实现投资的需要;国外部门可能是盈余,也可能是赤字。在上面所举的例子中,它是盈余部门。

从上述分析中,我们可以看出一个重要的现象,即在金融运行中资金从盈余部门向赤字部门的转移是通过金融机构和金融市场进行的。如果金融机构和金融市场有着较高的效率,则可以最大限度地促使储蓄转化为投资。如果金融机构和金融市场效率很低,储蓄向投资的转化便会受到约束。储蓄不能全部转化为投资,其差额是闲置储蓄,这意味着社会生产潜力没有得到充分运用。从而我们可得出一个重要的结论:金融机构的运作状况和金融市场的发达程度以及金融机构和金融市场的效率高低决定着储蓄向投资的转化数量和质量,从而决定着经济的发展。

同时我们还可以看到,上述分析只着眼于部门之间的资金流动,而在实际经济运行中,各部门内部的资金流动也是极其重要的,并且在流量上还要远远大于部门之间的资金流动,而部门之内的资金流动也是通过金融机构进行的,如果我们在各部门之内再划分更多的子部门,就会看得更加明显。由此我们可以得出第二个重要结论,即在现代经济运行中,全社会的资金运动都与金融机构的运作状况密切相关。

2.2 经济发展中的金融化趋势

2.2.1 经济货币化分析

经济运行与金融运行的逐步融合,一个主要的标志是经济货币化程度的不断提高。经济的货币化是指一国国民经济中全部商品和劳务的交换以及包括投入和分配在内的整个生产过程通过货币来进行的比重以及这个比重变化的趋势。在全部的国民总产品或总产出中,总有一定的部分是不通过货币进行的,如各类经济行为主体自给自足的产品和服务(如农民为自己消费而生产的农产品、自盖住宅、自有服务等)就是"非货币化"的,也是"非商品化"的。在总产品中实物交易的部分虽然是"商品化"的,但却不是"货币化"的。世界经济发展史表明,经济的货币化程度是随着经济发展水平的提高而提高的,它从一个侧面反映了各个国家经济发展所走过的历程。

对经济货币化比重及其趋势的研究,西方经济学界在60年代曾掀起过一个高潮,戈德史密斯(Raymond W. Goldsmith)、高斯(S. Ghosh)、弗里德曼(Milton Friedman)和施瓦茨(Anna J. Schwartz)等经济学家都曾在不同的方面取得过重要成果。虽然由于大多数国家缺少必要的历史资料统计以致不能得出各个国家经济货币化比重的变化情况,但他们还是对60年代一些有代表性的主要国家的货币化程度得出了十分宝贵的分析数据。戈德史密斯等人的分析表明,在60年代,美国货币化比率在0.85—0.93之间,日本则为0.85—0.88。这个比率在发达国家基本相同。但在欠发达国家,该比率要低得多。[①] 货币化比率的差别反映了不同国家的经济发展水平。同时,货币化比率低的国家也意味着货币在其经济运行中的地位和作用较低,进而意味着这些国家在提高经济货币化比率方面的潜力也较大。

虽然戈德史密斯等人对60年代主要国家经济货币化的比重进行了分析,但限于历史资料的缺乏,他们没有能够对这些国家货币化比重的提高过程进行数量描述。即使在今天,我们也仍然很难在这方面直接取得令人满意的进展。高斯在1964年出版的《一国国民经济的货

[①] 戈德史密斯:《金融结构与发展》,第277—279页。

币化》①一书中认为发达国家自1860年以来,欠发达国家自1910年以来各自的货币化比重变化很小。这个结论显然与实际情况不符,但我们又很难用直接的计算来否定它。为了考察发达国家货币化比率的提高过程,需要借助一些有统计资料的相关数据。弗里德曼和施瓦茨在《美国和英国的货币趋势》一书中曾对美国和英国的货币存量与名义收入进行过统计分析,货币存量与名义收入的比值与货币化比重具有很大的相关性且两者的数值基本一致。这是因为经济的货币化直接扩大了对货币的需求,从而引起货币存量的增加。按照弗里德曼和施瓦茨使用的数据,在1873—1875年间,美国的平均名义收入为78.7亿美元,平均货币存量为16.6亿美元,货币存量与名义收入之比率为0.21。而在75年后的1945—1950年间,美国的平均名义收入为1 874.7亿美元,平均货币存量为1429.6亿美元,货币存量与名义收入的比值为0.76。在这75年间,美国的名义收入平均每年增长4.32%,货币存量平均增长率为6.12%,货币存量的增长平均每年快1.8个百分点。②这个比率的变化基本上与美国经济的货币化进程相吻合。

在弗里德曼和施瓦茨的统计数据中,货币被界定在公众持有的通货和经调整的商业银行存款(包括活期存款和定期存款)范围之内。③按照国际货币基金组织的标准和现行的统计口径,对货币的统计还包括了商业银行之外的其他银行机构,所以弗—施所使用的货币数字界于目前使用的M_1和M_2之间。如用现行的广义货币M_2(货币+准货币)为标准,则货币存量值比上面引用的数值要大。但由于名义收入的统计口径同样有差别,在弗—施的分析中,其值也是较低的,因此,即使用现行的统计口径,美国的货币存量与名义收入的比值变化与上述分

---

① 该书由印度加尔各答世界出版社出版。
② 根据弗里德曼、施瓦茨:《美国与英国的货币趋势》,164页表5.1和144页表4.8的数据计算。
③ 同上书,第115页。

析也基本相当。

按照弗里德曼、施瓦茨以及高斯、戈德史密斯等人的分析，英国在1870年前后货币存量与名义收入的比值就已超过了0.5，与美国1922年前后的比率差不多。表2-2是根据弗里德曼和施瓦茨统计数据整理的1871—1950年美国和英国货币存量与名义收入比率情况的变化表。

表 2-2 1871—1950 年美国和英国货币存量与名义收入比率变化表

	美国（单位：10亿美元）			英国（单位：百万英镑）		
	货币存量	名义收入	比率	货币存量	名义收入	比率
1871	1.50	6.946	0.216	502	972	0.516
1875	1.72	7.665	0.224	618	1 072	0.576
1880	2.03	10.770	0.188	581	1 037	0.560
1885	2.87	10.127	0.283	636	1 058	0.601
1890	3.92	11.752	0.334	698	1 326	0.526
1895	4.43	12.089	0.366	793	1 395	0.568
1900	6.60	16.447	0.401	919	1 695	0.542
1905	10.24	21.794	0.469	942	1 725	0.546
1910	13.34	28.974	0.460	1 047	1 943	0.539
1915	17.59	32.847	0.536	1 404	2 517	0.558
1920	34.80	75.707	0.460	2 886	5 223	0.553
1925	42.05	78.602	0.535	2 500	3 959	0.631
1930	45.73	78.862	0.595	2 638	4 065	0.645
1935	39.07	58.165	0.672	2 912	4 078	0.714
1940	55.20	81.843	0.674	3 607	5 530	0.652
1945	126.63	172.983	0.732	6 698	8 227	0.814
1946	138.73	160.465	0.865	7 396	8 165	0.906
1947	146.00	179.049	0.815	8 035	8 688	0.925
1948	148.11	198.360	0.747	8 173	9 621	0.849
1949	147.46	196.072	0.752	8 300	10 311	0.805
1950	150.81	217.891	0.692	8 382	10 823	0.774

资料来源：根据《美国与英国的货币趋势》，第144页表4.8和第152页表4.9数字计算。

表中可见,从1871年到本世纪40年代末的80年间,美国和英国的货币存量与名义收入之比率都呈现明显的增长。美国从1871年的0.216上升到40年代末期的0.7—0.8,其中比率最高的年份是1946年,为0.865;英国从1871年上升到40年代末期的0.8—0.9。其中比率最高的年份是1947年,为0.925。从发展过程看,在起始点上,英国的比率远比美国为高,直到20年代初期美国的货币存量与名义收入比率才达到英国1871年的水平。但从发展趋势看,美国的该项比率提高的速度远比英国为快。这一分析结果与美国和英国的历史发展状况是完全吻合的。在19世纪中期以前,英国的经济发展水平在世界范围内是领先的,到1870年前后,美国的人均收入已赶上了英国,大约均为170美元,但人均持币余额美国为36.4美元,英国为100.1美元,英国是美国的3倍[①],这反映了当时英国的金融事业比美国发达得多,反映在货币存量与名义收入的比率上,英国是美国的2.4倍(0.516/0.216),也即当时英国的货币化程度要远比美国为高。而到本世纪30年代末和40年代初,美国的货币存量与名义收入比率与英国持平,在1939—1941年间,甚至还略高于英国,这反映了美国的货币化进程在1871—1940年的70年间比英国快得多。英国在起始点上货币化程度较高除经济的原因之外,还由于英国当时是世界的金融中心,它拥有最完善发达的金融机构,英镑在国际货币体系中居支配地位。第一次世界大战之后,世界经济的重心迅速向美国转移,纽约取代伦敦成为最大的国际金融中心,同时美元的崛起也使世界相对减少了对英镑的需求,因此,在这一时期,美国的货币化进程明显加快。

需要加以特别说明的是,上述的分析,即用货币存量与名义收入的比率间接代表经济货币化的程度,在时间上我们截止到1950年。这并不是因为取不到1950年以后的数字,而是因为这种方法在50年代之

[①] 根据《美国与英国的货币趋势》,第164页表5.1和第144页表4.8的数据计算。

后因金融领域出现的巨大变化而失灵。在50年代，美国和英国出现了现在被称为金融创新的一系列带有革命性的变革，这种变革在70年代之后再次掀起高潮并且一直持续。开始于50年代的金融创新使一大批新型的金融工具或货币替代物不断涌现，反映在统计数据上，便是"货币"外金融工具的迅速增长而在原定义下"货币"存量增长的相对放慢。虽然人的金融变革自17世纪新式银行出现以来发生过多次，但在本世纪50年代之前，那些变革基本上都反映在不断扩展的"货币"范围之内，而50年代开始的金融变革已扩展到"货币"之外，各类新型金融工具难以用"货币"的概念来涵盖。

理论上分析，开始于50年代的金融创新应是促使经济货币化向纵深推进的主动因素，而不应是影响经济货币化深入的反向力量。但数量分析表明，50年代以来经济货币化进程明显放慢了，这是由于经济货币化并不是一个无限匀速推进的过程，当货币化达到一定的程度之后便会相对稳定在这一水平上。按照经济货币化的涵义，即全部商品和劳务总量中通过货币进行的比重及其增长，或者像国际货币基金组织经济学家A.G.钱德瓦卡所描述的"货币化是指货币经济向非货币经济领域（实物和易货贸易领域）的扩展"[①]，那么，经济货币化程度的最高值或极限值即为1，而由于不论经济发达到什么程度也总会有一部分为自己消费而进行的生产和服务是非"货币"化的，即使这个比重因经济的发展和生产、服务的社会化逐步缩小以至达到一个非常之低的程度，但它总不会完全等于0，也即经济的货币化不可能等于1而只能趋向于1。（由于我们对经济货币化的分析是借用货币量与经济量之比值衡量的，虽然理论上说，货币化的值不可能达到1，但借用的这个比值却完全可能达到1和超过1。）经济货币化的理论值越接近于1，其提高

[①] 黄达、刘鸿儒、张肖：《中国金融百科全书》，经济管理出版社1990年版，第1137页。

的速度就会越慢。换一种说法便是,当这个比率达到一定的高度之后,整个社会经济便实现了货币化,或货币化了。现代发达国家便是如此。由此不难理解,为什么经济学者一般都把现代经济称为货币经济了。

当经济的货币化达到一定的程度,或者说当经济实现了货币化,货币的作用范围与作用力度是否也就不再增长了呢?不是!它以另外的形式表现出来。如前所述,50年代以来,发达国家货币外金融工具有了迅猛增长。仅以美国为例,1950年,美国的货币市场工具总额仅为28亿美元,与广义货币(货币与准货币)的比值为0.015,到1993年,货币市场工具总额达到21 034亿美元,与广义货币之比为0.526。

表2-3是美国1950—1993年货币市场金融工具与广义货币比率的增长情况。

表2-3 美国1950—1993年货币市场金融工具与
广义货币比率增长情况　　　　单位:10亿美元

年份	货币与准货币	货币市场金融工具	广义货币比率
1950	182.4	2.8	0.015
1955	240.8	3.9	0.016
1960	307.0	8.8	0.029
1965	464.7	66.0	0.142
1970	638.4	116.7	0.183
1975	1 031.1	218.3	0.212
1980	1 659.4	439.7	0.265
1985	2 746.5	883.3	0.321
1990	3 705.3	1 440.7	0.389
1993	4 001.2	2 103.4	0.526

资料来源:1950—1960年数字引自国际货币基金组织1984年年报;1965年以后的数字引自该组织1994年年报;由于统计范围不全,1950—1960年货币市场金融工具的数字有些低估,但不影响问题的分析。

金融工具的迅速增长,不仅反映在货币市场上,除此之外,随着金融机构竞争的加剧和主动性负债的增加,金融部门发行的债券也快速增长。在60年代前,金融机构一般不主动发行自身的债券,而60年代之后,这一做法被普遍采用。到1993年底,美国金融机构发行的债券余额已达7 472亿美元,与广义货币的比值为0.19;同时,政府债券的发行也迅速增加,1960年,美国政府债券余额为2 349亿美元,到1993年上升为33 098亿美元,与当年GNP的比率为0.52;保险基金和退休基金与GNP的比值在50年代初约为0.2,1965年上升为0.34,到1993年该项比率升至0.77。在金融工具中,公司债券和股票的发行数额也在增大。总之,自50年代金融创新以来,各类金融工具的增长呈日新月异之势。这一重大现象的出现,已不可能用经济的货币化来概括了,恰恰相反,金融工具的涌现使原有定义下"货币"存量值在经济总量中的比率降低,而这显然不是货币化倒退了,而只能表明原有的分析方法需要改变。一种办法是把"货币"的概念再行扩展,从现在的广义货币(货币+准货币)扩展到全部金融负债甚至扩展到全部金融工具,但这样会模糊了货币最基本的属性,导致整个货币理论的混乱。因此,研究货币与金融在现代经济中地位的增长和作用的增强,在"经济货币化"的范畴下便受到了限制。由此,把不断扩展和迅速增长的全部金融工具(包括广义货币和非货币金融工具)与经济总量联系起来,也即分析"经济的金融化"便是观察现代经济运行与金融融合的一个较为科学的方法。

2.2.2 金融—经济相关比率分析

把金融工具与经济总量联系起来分析金融与经济的融合以及金融在现代经济中作用的增强,开始于美国著名经济学家雷蒙德·W.戈德史密斯,他于1969年出版的《金融结构与发展》[①]一书奠定了金融与发

[①] 该书由耶鲁大学出版社1969年出版,1993年2月中国社会科学出版社出版了中译本。

展理论的基础。戈德史密斯没有使用"经济的金融化"这一概念,但他的金融—经济相关比率分析实质上便是研究这一问题。戈德史密斯认为,金融工具和金融机构以及它们的组合种类越多、分布越广、规模越大,金融发展程度便越高,经济也就越发达。他创造性地提出并验证了衡量金融结构演变程度的一系列重要指标,其中最核心的内容便是金融与经济的相关比率分析。

本章第一节曾分析过,现代经济运行分为实物经济运行和金融运行两个紧密结合的层面,实物经济运行的存量值是国民财富,金融运行的存量值是金融资产。国民财富在每个经济社会里都是存在的,金融资产则不是如此。在古代社会,国民财富主要是人类劳动施于自然资源的产物,它可以简便到石斧、木棍、小刀等。随着人类的进步和经济的发展,国民财富逐渐演变到目前的形态——房屋及其建筑物、道路、机器、汽车、家用电器等等。但金融资产一直到货币产生之后才出现。金属货币以及在此之前的实物货币严格说来仍然是有形资产,是国民财富的一部分。真正的金融资产是从银行券开始的,并逐步发展为现在的各类存款、票据、保险单、权益凭证、股票债券等所有金融工具。金融工具对持有者来说就是金融资产,全部金融工具总值即是全社会的金融资产总值。由于金融业的发展和金融向各经济部门的渗透,金融资产与实物资产的比率不断提高。戈德史密斯把这个比率,即全部金融资产价值与有形资产价值(国民财富)的比率称之为金融相关比率,并用这个比率的提高来说明现代经济的发达程度,也即上一节最后我们所说的"经济的金融化"程度。理论推导和数量分析都证明,在所有国家经济现代化的过程中,金融相关比率或金融化程度都呈现一个快速增长的趋势,这种快速增长有力地带动了经济起飞。

按照戈德史密斯的分析,美国1880年金融工具或金融资产总值为国民财富的7%,而到1900年,该比率值上升为0.67,一战前夕达到0.71,60年代初金融资产总值已超过国民财富,比率为1.25。美国、英国、原联邦德国、法国、日本、意大利等西方6个主要国家,金融相关比率在1880年平均为0.165,1913年上升为0.815,1963年为1.52,也就是说,在60年代初,西方主要国家的金融资产总值平均已超过国民财富50%。表2-4是上述六个国家1880—1963年金融比率变化表。

与上一节对经济货币化的分析相同,金融相关比率的提高与各个国家的经济发展水平基本吻合。1880年,英国在经济、贸易等方面处于世界领先水平,货币化程度和金融相关比率也都最高。而同期的日本,经济水平还处在很低的水平上,金融相关比率只有0.02,只及英国的5%—6%。从1880年到1913年,美国的经济发展在西方世界一枝独秀,其金融相关比率也迅速从0.07提高到0.71,增长了10倍。日本经过上一世纪70—80年代的明治维新,奠定了近代经济发展的基础,在不到半个世纪的时间内,走完了西方国家差不多200年左右才完成的工业化过程,到1913年,日本经济已取得了惊人的成就,金融相关比率也提高到0.4。二战之前,日本经济继续保持快速增长,虽然战争一度使发展进程中断,但战后又奇迹般地恢复,到1963年,日本的金融相关比率已达1.75,在世界各国中已属最高。

表2-4　六国1880—1963年金融比率变化表

年份	美国	英国	原联邦德国	法国	日本	意大利	平均
1880	0.07	0.35	0.15	0.2	0.02	0.20	0.165
1913	0.71	1.30	0.88	0.79	0.40	0.81	0.815
1963	1.25	1.71	—	—	1.75	1.37	1.52

资料来源:根据《金融结构与发展》一书中的有关数据推算。

与经济货币化分析相比较,在起始点的1880年,西方主要国家的金融相关比率比货币化比率为低,而在1913年,金融相关比率已远超过了货币化比率。这说明经济的货币化先于经济的金融化，货币化是金融化的先导和基础，而当货币化达到一定程度，金融化趋势便强劲起来，一些非货币金融工具或金融资产迅速增加，这是现代经济中金融渗透的主要形式，也是货币化向纵深发展的必然结果。由于我们把货币化定义为国民经济中全部商品和劳务通过货币进行交换的比重或货币经济向非货币经济领域的扩展，因此在数值上，货币化比率的极限值为1；而我们把经济的金融化定义为金融工具或金融资产与国民财富的比率即金融相关比率，由于金融运行的相对独立性，即使在理论数值上这个比率也完全可能大于1，事实上，在发达国家这个比率早已超过了1，并且仍然呈迅猛上升的趋势。

用全部金融工具或金融资产总值与国民财富的比率即金融—经济相关比率反映经济的金融化程度，目前我们只能得到很少几个国家若干独立年份的数字，而要在更大范围内比较各国的实际状况在技术上难度很大。这是由于各国国民财富的统计数字缺乏，而且大多数发展中国家非金融部门持有的金融资产的数量也没有统计。为便于比较分析，我们用国民生产总值或国内生产总值代替国民财富，用大多数国家均有统计的金融部门（各类金融机构）拥有的金融资产代替全部金融资产，这项研究便可进行下去。而在理论上，上述替代也是合理的。国民生产总值（GNP）或国内生产总值（GDP）与国民财富最相关联，GNP或GDP是国民财富与平均资本产出率之乘积，金融机构持有的金融资产占全部金融资产的比重在发达国家约占4/5，在发展中国家比率更高。在我们作了上述替代之后，数量分析便可看出世界主要国家金融化进展的总体情况以及发达国家与发展中国家金融化程度之差别。表2-5是根据戈德史密斯在《金融结构与发展》一书中附录Ⅳ和Ⅴ数值计算的20个国家1880—1963年若干年份金融机构资产与国民生产总值的比率表。

表 2-5　1880—1963 年 20 个国家金融机构资产与国民生产总值比率表*

单位：10 亿本国货币

国家	1880 (1)	(2)	(3)	1900 (1)	(2)	(3)	1913 (1)	(2)	(3)	1929 (1)	(2)	(3)	1960 (1)	(2)	(3)	1963 (1)	(2)	(3)
美国	4.6	9.3	0.49	16.0	18.7	0.86	34.0	37.3	0.91	133.5	103.1	1.33	787.3	503.8	1.56	983.1	589.2	1.67
英国	1.15	1 213	0.95	1.9	2.04	0.93	2.7	2.628	1.03	6.6	5.04	1.31	39.37	25.54	1.54	48.78	30.0	1.63
德国	13.5	18.5	0.73	40.5	35.5	1.14	91.0	57.5	1.58	77.8	87.5	0.89	328.8	296.8	1.11	466.5	376.5	1.24
法国													283.88	296.5	0.96	420.26	404.9	1.04
日本							2.65	2.7	0.98	6.20	6.166	1.01	22.041	15 504	1.42	40.823	24 541	1.66
加拿大	0.25	0.581	0.43	0.90	1.032	0.87	4.5	15.0	0.35	23.0	31.0	0.74	46.3	36.28	1.28	60.1	42.97	1.40
西班牙				3.8	10.0	0.38	8.75	3.0	1.09	80.0	94.0	0.85	648.1	615.0	1.05	1 016.1	939.0	1.08
比利时	1.8	2.6	0.69	4.25	4.5	0.94	2.5	5.14	0.79	8.45	7.27	1.16	834.9	572.3	1.46	1 115.7	694.8	1.61
荷兰	0.45	1.4	0.32	0.9	2.01	0.48	5.3	5.89	1.36	13.0	9.4	1.38	69.13	42.7	1.62	93.15	52.16	1.79
瑞典	1.1	1.23	0.89	2.65	2.16	1.23	11.8	4.11	2.87	27.0	10.34	2.61	90.9	63.4	1.43	119.1	80.45	1.48
瑞士	2.0	1.31	1.53	5.0	2.72	1.84	0.085	0.07	1.21	0.225	0.173	1.30	97.2	37.1	2.62	137.3	50.44	2.72
新西兰	0.02	0.02	1.0	0.044	0.04	1.04							1.756	1.31	1.34	2.073	1.595	1.30
12 国平均			0.781			0.971			1.217			1.258			1.449			1.552
印度	0.25	10.0	0.025	0.55	13.4	0.04	1.5	20.9	0.07	3.9	34.6	0.11	76.4	158.3	0.48	103.0	194.3	0.53
巴西							2.5	7.0	0.36	15.0	25.5	0.59	1 403	2 397	0.59	5 233	9 489	0.55
南非							0.085	0.24	0.35	0.209	0.47	0.44	3.29	3.83	0.36	4.39	4.76	0.92
菲律宾							0.1	0.82	0.12	0.41	1.67	0.25	6.94	12.13	0.57	11.57	17.15	0.67
尼日利亚									0.0035	0.06	0.06	0.213	0.981	0.22	0.278	1.394	0.20	
巴基斯坦												11.68	33.1	0.35	15.72	40.2	0.39	
泰国										2.20	0.25	15.0	22.28	53.08	0.42	31.64	68.02	0.47
委内瑞拉									0.55				23.4	0.64	17.7	26.9	0.66	
8 国平均			0.025			0.04			0.225			0.29			0.52			0.54

* 表中第（1）栏为金融机构资产量；第（2）栏为国民生产总值；第（3）栏为二者的比率；国民生产总值是以 1963 年币值计算的。

资料来源：根据《金融结构与发展》附录 IV 和 V 数值计算。

可以看出,在1880—1963年的发展过程中,各国金融机构资产的增长都远远快于国民生产总值的增长。在所列举的12个经合组织国家,金融机构资产与国民生产总值的比率从0.781上升到1.552,在欠发达国家,该比率从0.025上升到0.54,说明各个国家金融相关比率都有了很大提高,经济的金融化趋势在增强,从而使金融在经济中的地位迅速提高。但同时也清楚地看到,发达国家经济金融化的程度要比欠发达国家高得多。在本世纪30年代之前,欠发达国家的金融资产微乎其微,比率甚低;即使到1963年,平均比率也只有0.54,还不及上世纪末西方发达国家的平均水平。这既反映了经济发展程度的巨大差异,也证明了金融发展在经济增长中的重要性。

从1963年至今的30多年间,世界各国的金融化趋势仍在继续,金融相关比率继续上升。书末插表1列出了15个国家1965—1993年该项比率的变化数据。这15个国家包括三类,一类是发达国家,一类是比较发达国家,一类是欠发达国家,每类选取5个。美、日、德、英、法不但是最主要的发达国家,而且经济总量一直居世界前5名。比较发达国家在亚洲选取了3个,在非洲选取了2个,其中韩国是最有代表性的新兴工业化国家,新加坡是金融发展程度最高的国家。欠发达国家的选样与比较发达国家的选样相同,亚洲选取3个,非洲2个,其中印度是除中国以外最大的发展中国家,印尼、巴基斯坦是亚洲除中国、印度之外人口最多的国家,尼日利亚是非洲人口最多的国家,埃塞俄比亚是目前经济发达程度最低的国家之一。由于南美80年代以来货币制度变化较大,通货膨胀严重,为便于数字比较,故没有选取。

表中计算的金融机构资产与国内生产总值的比率清楚地显示,不管是发达国家、比较发达国家还是欠发达国家,经济金融化的趋势都在增强。5个发达国家的该项比率从1965年的平均1.216上升到1993年的2.313,提高了90%;比较发达国家从1965年的0.668增长到

1990年的1.613,提高了1.4倍,与发达国家金融化程度的差距大大缩小;5个欠发达国家的该项比率也有较大上升,平均从1965年的0.31上升到1991年的0.812,但目前与发达国家的金融化程度相比还有很大差距。

2.3 金融产业

金融在现代经济中的另一个重要特征是产业地位的迅速上升。金融产业的初步形成是在17世纪,从传统金融产业过渡到现代金融产业经历了两个多世纪的时间。现代金融产业完成形态的基本标志有三个:(1)各类金融机构的大量设立和以经营获利为目的;(2)金融工具的不断涌现并成为金融商品;(3)金融商品的价格形成服从市场规律。

2.3.1 金融机构的大量设立与资产增长

在17世纪新式银行出现以后的200年间,银行的数量一直在不断增长,到19世纪末和20世纪初,这种增长明显加快。在第一次世界大战之后的十多年间,金融出现了空前繁荣的局面。到20年代末,西方发达国家的金融机构已普遍设立,除大量的商业银行外,一些专业银行和非银行金融机构也蓬蓬勃勃发展起来。就大的金融机构类别来说,在发达国家已有20种左右;在欠发达国家,一般也有近10种。

在所有的金融机构种类中,最主要的是商业银行。商业银行的资金来源主要是吸收企业和公众存款,经营主要是以传统的存、贷、汇业务为主。除商业银行外,储蓄类金融机构占据较为重要的位置,这类机构包括储蓄银行、建房互助协会、信用合作社等。它们不做结算业务,吸收的存款也大都是中长期的,资金主要投向于长期贷款和长期证券。另一类是保险机构和保险基金,主要有人寿保险公司、财产保险公司、医疗保险基金、退休基金、失业保险基金。保险公司和保险性基金吸取的大量资金主要投向于金融市场，购买政府证券及其他投资。这类机构目前成为金融市场上最主要的资金供给者。另外，随着经济和金融本身的发展，又成长起来一大批成分复杂的金融机构，如投资公司、证券公司、共同投资基金等等。由于各国的历史和体制并不完全相同，上述金融机构在不同的国家其地位都有较大差别，但有一点是共同的，即所有金融机构都是以经营获利为主要目的，在统一的规范下平等竞争。即使政府举办的金融机构，也是按一般经营原则和金融运行规律行事，所不同的只不过是政府提供和规定了部分资金来源并对有些放款业务予以贴息。

随着金融机构的大量设立和竞争的加强，金融机构的资产也迅速增加。以美国为例，1900年，美国金融机构的资产总额约160亿美元，到1963年，达到9 835亿美元，增长了60多倍；金融机构资产与国民财富的相关比重1900年为0.178，1963年上升为0.458；金融机构资产与国民经济总值的比率1900年为0.86，19 63年则上升为1.67。金融机构的金融资产的增长速度超过了国民财富和国民生产总值的增长速度。这一趋势在全世界范围内均是如此。

在金融机构资产迅速增加的同时，金融机构资产占全社会金融资产的比重也在明显上升，这个比重反映了间接金融的发展和储蓄、投资行为的机构化程度。表2-6是美国1900和1963年金融机构资产比重表。

表2-6 美国1900和1963年金融资产比重表*　　　　单位：亿美元

	1900年			1963年		
	(1)	(2)	(3)	(1)	(2)	(3)
金融机构	159	26.4%	0.178	9 835	38.6%	0.458
非金融机构	443	73.6%	0.492	15 644	61.4%	0.782
合计	602	100%	0.67	25 479	100%	1.25

* 表中，各年份中的第一栏为金融资产数，第二栏为结构比例，第三栏为金融资产与国民财富之比率。

资料来源：根据《金融结构与发展》一书中有关数字推算。

可以看出，1900年，金融机构的资产与全社会金融资产的比重为26.4%，到1963年，这个比重上升到38.6%；金融机构资产与国民财富之比率，1900年为0.178（国民财富为899），占金融相关系数0.67的26.6%，1963年，金融机构资产与国民财富之比率上升为0.458（国民财富为20548），占金融相关系数1.25的36.6%，这说明金融机构的地位大大上升了。

在金融机构资产增长和地位上升的过程中，非银行金融机构（投资公司、证券公司、保险公司等）的增长速度更快，以致使银行金融资产在全部金融机构资产中的比重相对降低。表2-7反映了美国1965、1983、1993年各类金融机构的资产额及其比重。

表2-7　美国存款中介和其他金融机构持有的资产额及其比重

金融机构	资产额（10亿美元）			比例（%）		
	1965	1983	1993	1965	1983	1993
商业银行	338.8	1843.6	3471.4	34.7	31.5	23.3
信托机构	190.8	1000.7	1199.3	19.6	17.1	8.1
货币市场基金	—	329.6	452.7	—	5.6	3.0
其他金融机构	91.7	700.1	3683.7	9.4	12.0	24.7
保险公司和退休基金	293.3	1788.8	5675.3	30.1	30.6	38.1
联储	60.7	193	424.6	6.2	3.3	2.9
合计	975.3	5855.8	14907	100	100	100

资料来源：IMF, International Financial Statistics Yearbook, 1995.

表2-7中可见，到1993年，银行和信托机构的金融资产占全部金融机构资产的比重大约只有1/3，其中，商业银行的资产比重仅占到23.3%。

2.3.2　金融工具转变为金融商品

现代金融产业的另一标志是各类金融工具的不断涌现并成为金融商品。最早产生的金融工具是货币，但足值金属货币更严格说属于实物资产，金属货币的替代物——银行券开金融工具之先河。传统的金融工具主要有存贷款凭证、支票、商业票据、股票和债券等。这些金融工具虽然从一产生就具有商品的性质,但在这些传统金融工具产生的最初一个时期内,它们更多地是作为金融活动的手段,是联系资金供求双方的桥梁。随着经济的发展和经济货币化、金融化程度的加深,特别是金融机构的纷纷设立和竞争的加剧,金融工具的商品性质便突出出来,成为金融市场上买卖的对象,促进了现代金融产业的形成。进入20世纪之后,大量的金融工具不断涌现,金融机构之间竞争的结果,不断地推出新的金融商品——新的金融工具。金融工具的发展从两个方面延伸:一是在传统金融工具中推出新的品种;二是随着新的金融业务的扩展,创造新的金融工具种类。在第一种类型中,股票、债券的品种出新最为明显。最初的股票主要是现在被称之为普通股票的单一类型,到80年代,股票种类已有几十种之多;债券亦是如此,目前,仅公司债券也不下十几种。由于金融业务的扩展,可以说每一种传统的金融工具都有大量新的品种出现。抵押贷款的发放产生了抵押贷款凭证;保险业务的发展,产生了保险单凭证;基金业务的发展,产生了基金凭证;证券回购的交易产生了回购协议等等。

在传统金融工具品种出新的同时,新的金融工具种类也被创造出来。如可转让大额定期存单(CD)、自动转账服务、可支付命令账户、货币市场基金(MMF)等等。仅从结算账户来看就有许多新的类型,表2-8反映了部分新型结算账户。

表2-8 新型结算账户

名称	略称	引进时间	概要
可转让支付命令 (Negotiable Order of Withdrawal)	NOW. a/c	1972年6月由马萨诸塞州互助储蓄银行创立。1982年12月根据《1980年银行法》全美存款金融机构均可办理	为定、活两便存款,即既可开立支票,又兼有储蓄功能,但只限于个人和非营利团体使用

续表

名称	略称	引进时间	概要
远距离遥控业务（Remote Service Units）	RSU	1974年1月由储蓄贷款协会认可	通过设在街头、零售商店的终端机提款或存款，亦可进行转账
股金汇票账户（Share Drafts）	SD	1974年8月由信贷合作社认可	合作社成员可通过开立汇票的形式进行结算
电话转账系统（Telephone Transfer System）	TTS	1974年4月由联邦储备体系认可	存款人根据需要，可用电话通知存款行将其资金由储蓄账户转入活期存款账户
自动转账制度（Automatic Transfer System）	ATS	1978年11月在商业银行和互助储蓄银行开始办理	根据存款人和存款行事前的商定，按照要求能自动地将资金由储蓄存款账户转入活期存款账户

资料来源：刘锐等：《东西方的金融改革与创新》，中国金融出版社1989年版，第62页。

传统金融工具的品种出新和新的金融工具的大量涌现，使金融工具存量总值迅速上升，从而使金融相关系数大大提高。表2-9反映了美国货币市场和资本市场主要金融工具存量总值的变化。

表2-9 美国金融工具未偿余额

主要的货币市场工具类型	未清偿额（10亿美元）		
	1960年末	1970年末	1984年末
可流通银行存单（大额）	0	25	410
美国国库券	32	81	374
商业票据	4	33	240
银行承兑票据	2	7	75
回购协议	0	3	118
欧洲美元	1	2	95

续表

主要的货币市场工具类型	未清偿额（10亿美元）		
	1960年末	1970年末	1984年末
联邦基金	1	20	70

主要的资本市场工具类型	未清偿额（10亿美元）		
	1960年末	1970年末	1984年末
公司股票（市场价值）	451	906	2160
住房抵押	160	353	1505
公司债券	75	167	517
美国政府证券（可买卖、长期）	178	160	873
州和地方政府债券	71	144	404
美国政府机构证券	10	51	260
银行商业贷款	118	314	470
消费者贷款	65	143	594
商业和农业抵押	46	115	517

资料来源：弗雷德里克·S.米什金：《货币银行市场学》，中国财政经济出版社1990年版，第58、63页。

在金融工具总值大量上升的同时，金融工具之间各自的比重也发生了变化。表2-10反映了美国1900和1963年各种主要金融工具的比重变化情况。表2-11则反映了1960—1980年美国家庭（个人）、企业（非金融机构）持有的金融资产比重变化情况。

表 2-10　1963 年和 1900 年美国金融工具余额比较[a]

	数额[a]（10亿美元）		分布（%）		与国民财富之比（%）		金融工具新发行比率[b]（%）
	1963 (1)	1900 (2)	1963 (3)	1900 (4)	1963 (5)	1900 (6)	1901—1962 (7)
1 货币[c]	210	7.6	7.8	12.6	9.8	8.5	2.0
2 储蓄存款[d]	286	3.7	10.7	6.1	13.3	4.1	2.7
3 私人保险准备金	218	1.6	8.2	2.6	10.1	1.8	2.1

续表

	数额[a]（10亿美元）		分布（%）		与国民财富之比（%）		金融工具新发行比率[b]（%）
	1963（1）	1900（2）	1963（3）	1900（4）	1963（5）	1900（6）	1901—1962（7）
4 政府保险准备金	51	0.0	1.9	0.0	2.4	0.0	0.5
5 金融公司债券	12	0.0	0.4	0.0	0.6	0.0	0.1
6 对金融机构的债权（1—5）	777	12.9	29.0	21.3	36.2	14.4	7.4
7 消费者信贷	70	1.0	2.6	1.7	3.3	1.1	0.7
8 证券投资贷款	16	1.3	0.6	2.2	0.7	1.4	0.2
9 银行贷款	79	3.9	3.0	6.5	3.7	4.3	0.7
10 住宅抵押贷款	182	2.6	6.8	4.3	8.5	2.9	1.7
11 其他非农业抵押贷款	49	1.8	1.8	3.0	2.3	2.0	0.5
12 农业抵押贷款	17	2.3	0.6	3.8	0.8	2.6	0.1
13 美国政府债券	310	1.2	11.6	2.0	14.4	1.3	3.0
14 州及地方政府债券	88	2.0	3.3	3.3	4.1	2.2	0.8
15 公司债券[e]	101	5.2	3.8	8.6	4.7	5.8	0.9
16 贸易信贷	103	5.7	3.8	9.5	4.8	6.3	0.9
17 其他债权	160	6.5	6.0	10.6	7.9	7.1	1.5
18 对非金融机构的债权（7—17）	1 175	33.5	44.0	55.6	55.2	37.1	11.0
19 全部债权（6+18）	1 952	46.4	73.0	76.9	91.4	51.5	18.4
20 公司股票	720	13.9	27.0	23.1	33.5	15.5	0.9
21 全部金融资产（19+20）	2 672	60.3	100.0	100.0	124.9	67.0	19.3

* a 公司股票取市场价值；债权取面值或记账价值。
  b （1）-（2）再除以1901—1963年间的国民生产总值。
  c 现金和活期存款。
  d 包括定期的存款和储蓄及储蓄贷款协会股金。
  e 包括国外债券（1963年为70亿美元）。
资料来源：《金融结构与发展》，第6—7页。

表 2-11　美国家庭(个人)和企业(非金融机构)金融资产的构成*(年末余额%)

年份	现金、活期存款	储蓄、定期存款	短期金融市场资产	其中 CP、BA	RPS	MMMF	TB	股票	债券(TB除外)	其他	合计
1960	8.0	16.1	2.6	0.3	—	—	2.3	38.1	10.6	22.8	100
1965	7.8	19.3	2.0	0.4	—	—	1.5	40.9	8.0	22.0	100
1970	7.9	21.2	2.3	1.0	—	—	1.3	35.8	8.4	24.4	100
1975	8.0	28.9	3.5	1.3	0.2	0.1	1.9	24.0	9.2	26.4	100
1976	7.5	28.7	3.7	1.2	0.2	0.1	2.2	26.2	8.0	25.9	100
1977	7.8	30.5	3.4	1.4	0.3	0.1	1.6	23.3	8.2	26.8	100
1978	7.7	30.8	4.0	1.7	0.4	0.3	1.6	22.1	8.0	27.4	100
1979	7.0	29.8	5.4	1.8	0.4	1.1	2.1	22.4	8.0	27.4	100
1980	6.6	28.6	5.8	1.5	0.5	1.6	2.2	24.3	7.2	27.5	100

* 在定期存款中包括大额CD(Certificate of Deposite 可转让存单);
CP——Commercial Paper 商业票据;
BA——Banker's Acceptances 银行承兑票据;
RPS——Repurchase Agreements 回购协议;
MMMF——Money Market Mutual Funds 货币市场互助基金;
TB——Treasury Bills 国库券。
资料来源:联邦储备委员会 Flow of Funds 1981。

从表2-10可以看出,传统的金融工具货币、公司债券,其总值虽然大幅度上升,但比重却下降了。货币从1900年的12.6%下降到1963年的7.8%;公司债券则从1900年的8.6%下降到1963年的3.8%。表2-11则表明,在1960—1980年间,现金、活期存款、除国库券外的其他债券以及股票在金融资产中的比重下降了,储蓄、定期存款、短期金融市场资产以及其他新的金融资产其比重则上升了。

2.3.3　金融商品价格形成的市场化

在金融工具大量涌现和金融机构激烈竞争的过程中,金融商品——

金融工具的价格形成已经市场化,这是现代金融产业形成的另一特征。在金融发展的前期阶段,存贷款利率以及各项金融服务收费主要取决于工商企业的承受能力,受工商企业资金利润率的制约。但在金融机构与工商企业之间,前者处于主动的地位。随着本世纪以来金融机构的蓬勃兴起和各种金融工具的大量出现,特别是金融机构竞争的加剧,金融机构与各类企业之间的关系变得更加平等了,以利率和汇率为中心的金融商品价格更多地取决于金融市场上资金双方的供求状况。金融机构业务活动的商业化,使金融商品价格的形成走向市场化的轨道。

金融机构的大量设立和商业性经营、各类金融工具的不断涌现以及金融商品价格形成的市场化,使金融业走向了现代产业化发展的道路。1929—1933年的经济大危机可以说是金融向现代产业化发展的一个转折点。在此之前,金融业已出现空前繁荣的局面,同时也出现了过度提供信用、大量资金向股市涌入、银行竞争的无序等等问题。危机过后,各国政府加强了对金融业的管理,制定了一系列的金融法规,健全了稳健经营体制,使金融业在走向现代产业化发展的同时,也走上了比较稳定发展的轨道。第二次世界大战后,世界各国均进入了经济发展的黄金时期,金融业伴随着经济发展的进程,也获得了飞速的发展。

2.3.4 金融业产值占GNP比重的提高

金融产业的形成,不但增强了金融在现代经济中的地位,使金融为经济发展创造更好的条件,并通过自身的作用促进经济进步,同时还带来一个重要的变化,即金融产值直接成为国民经济总量中的组成部分,到80年代,西方发达国家的金融业产值在国民生产总值中的比重已达到五分之一。因此,在现代经济中,金融业对经济的贡献就通过多个方面表现出来,它不但通过自身的业务活动促进经济增长,而且自身创造出一部分经济的总值。

金融发展成为一种现代产业,是与整个社会经济的发展进程连在一起的,是社会经济进步的必然。在15世纪之前的漫长时期里,人类社会的经济活动主要集中在农业部门。15世纪之后,特别是17—18世纪的西方工业革命,使人类的社会生产活动迅速向工业转移,并很快使工业成为国民经济的主导部门。伴随着工业的发展和科技成果不断创新及广泛应用,一些服务部门自然应运而生,经济发展的内在规律使这些新兴部门成为相对独立的各种产业。因此,新兴产业的不断出现既是经济发展的必然结果,又是社会经济进步的重要标志。并且一个重要的趋势是,新兴产业在国民经济中的地位日益突出,所占的经济比重迅速上升。根据社会生产活动的历史发展顺序,现在世界各国将产业结构统一划分为一、二、三类产业:第一产业是产品直接取自自然界的部门;第二产业是对初级产品进行再加工的部门;第三产业是为生产消费和生活提供各种服务的部门。有些西方学者还主张把信息和科学技术列为第四产业,但尚未被各国政府所接受。在三次产业的具体统计上各国略有差异,但金融业已普遍被列为最重要的第三产业。从经济发展的进程可见,包括金融在内的第三产业的发展是社会经济在广度和深度上纵横发展的结果。因此,第三产业的发展程度成为衡量国民经济发展水平和现代化程度的重要标志。第三产业的迅速发展,使国民经济出现三个直接结果:首先是发展结构的变化。本世纪以来,特别是二次战后第三产业的发展速度大大快于第一、二产业的发展。工业在经过两个多世纪快速发展之后进入稳定发展期,是工业成熟的标志,而第三产业进入快速发展期是社会走向现代化的标志。在战后50—60年代的发展中,发达国家第三产业的发展速度与第一、二产业的发展速度之比为1.2∶1,70年代之后,这个趋势仍然持续。

由于第三产业发展速度快于国民生产总值的发展速度,这就引出国民经济发展中的第二个变化,即产业产值比重的变化。在全部国民生产总值中,第三产业的比重不断上升,而第一、二产业的比重不断下降。在整个70年代,第一、二、三产业产值在国内生产总值中的平均比重美国为2.97∶33.87∶63.16,日本为5.23∶42.03∶52.74,联邦德国为2.72∶49.20∶48.08,英国为2.31∶36.02∶61.67,法国为4.90∶38.32∶56.78。[①]1982年,第三产业占国内生产总值的比重加拿大为67%,美国为65%,英国为63%,法国为61%,意大利为54%。在一些大城市,该项比重有的已高达80%以上。在第三产业中,金融业产值大约占三分之一。

第三产业发展的另一个结果是就业结构的变化,即第三产业从业人员与全部就业人数的比重不断增大。80年代初,该项比重在发达国家已占到56%,其中美国和加拿大为66%,中上等收入国家为42%,中下等收入国家为28%。在发达国家的大城市,第三产业从业人员占全部从业人数的比重已全部超过70%,如1981年纽约为83.7%,巴黎为74.5%,大阪为71.8%,东京为71.2%,伦敦为77.2%(1982年)。

金融产业发展在为经济作出贡献的同时,还为人们的生活提供了极大方便。比如,在金融比较落后的情况下,人们持有社会财富的方式是实物本身,持有实物不但不会增值,还要冒不断损失的风险,更重要的是它给人们的生活带来很大的不便。在金融高度发展的情况下,人们持有财富的方式转向了货币。纸币的流通、支票的转账、银行卡的出现,无疑给人们带来了极大的方便。金融发展的程度已成国际社会衡量一国社会发展程度的主要指标之一。

[①] 根据中国银行国际金融研究所《国际经济金融统计手册》(中国财政经济出版社1984年版)有关数字计算。

2.4 金融的国际化与全球经济一体化

现代经济的另一个基本特征是国家之间经济联系的日益增强，而金融的国际化是带动这种联系的重要力量，并不断地创造着必要条件。

在人类社会发展的进程中，国与国间的联系早就开始了，"丝绸之路"就是古代社会东西方联系的典型象征。国与国之间的联系是建立在经济利益的基础上，经济的交往以及在经济基础上政治、文化等方面的交流必然伴随着相应的货币与信用联系，也即金融关系渗透其中。由于历史条件和技术条件的限制，国与国之间的联系只是到近代才成为经常性的，而真正把世界各国联系为一体，则只是到进入20世纪之后。随着本世纪科技的发展和人类文明的进步，目前各个国家已不可能脱离世界而独自发展，特别是在经济方面，已呈现出全球一体化的强大趋势。以"乌拉圭回合"的谈判结束和世界贸易组织的正式建立为标志，世界已进入了各国相互依存、共同发展的崭新轨道。全球经济的一体化是由金融的国际化联结的。虽然世界经济一体化的内在原因是多方面的，但20世纪金融业的国际化对全球经济的一体化起到了最为有力的推动作用。

伴随着金融的国际化和全球经济一体化，国际间的宏观协调也更加重要。在资本主义发展的过程中，国际间的宏观协调一直伴随其中。马克思在《资本论》第3卷第27章中也曾分析过这一问题。目前，以西方"七国集团"为代表的各类国际组织对国际间的经济协调起着重要的作用。

金融的国际化既是金融产生和发展过程中所体现出来的一个内在特征，又是国际经济发展和金融业竞争的必然结果。从银行的最早产生来看，它一出现便与国际贸易相连。经过20世纪的经济发展和金融业的激烈竞争，在70年代之后，金融的国际化成为主导的趋势。

金融国际化主要通过三个方面的内容突出体现出来：一是跨越国界的金融业务已占据很大的比重；二是金融机构的跨国设立；三是金融市场的全球一体化。

金融业务的国际化一方面表现在因国际贸易的迅速增长而使国际结算业务和国际金融服务业务的比重大大增加，另一方面表现在因国际经济联系与合作的扩展而使国际资本流动和资金融通业务比重的迅速上升。二战后，国际贸易的增长率一直大大高于国民生产总值的增长率。60—70年代，世界贸易每年平均增长15%，1970—1981年，平均每年增长18.5%[①]。西方国家的出口产值在其国民生产总值中的比重1982年已达12.5%。国际贸易的迅速增长，使国际金融业务的比重急速上升。

同时，国际经济的密切联系与合作也使国际资本的流动大大超过国内资本流动的扩展。表2-12是1985—1992年日、美两国之间资金流动情况表。

从大银行持有的国际资产看，1987年底，美国花旗银行通过其海外机构发放的贷款在其总贷款中的比重高达54.2%，美国第五大银行摩根保证信托银行的国外业务比重在1985年底占到62.5%[②]。英国大银行的资产也有一半在国外。日本的大商业银行虽然国外业务的比重没有美、英的大银行高，但在国际贷款方面，1985年已超过美国的银行，同时已成为除伦敦以外的主要外币贷款集团。目前西方主要国家的银行所持有的国际资产比重仍然呈上升趋势。

---

① 《国际经济金融统计手册》，第124页。
② 《银行世界》，1986年第6期，第41页，转引自甘培根、林志琦、李弘编著：《外国银行制度与业务》，中央广播电视大学出版社1987年版。

表 2-12 美国与日本之间的资金流动*

单位：百万美元

	1985	1986	1987	1988	1989	1990	1991	1992
美国在日本的资产	-6 071	-26 188	-14 416	-41 939	-24 911	22 166	-10 403	25 991
美国官方储备资产	-1 635	-313	5 255	-1 142	-11 620	-3 221	1 647	-389
美国净私人资产	-4 522	-25 960	-19 992	-40 806	-13 291	25 384	-12 050	26 380
直接投资	-1 131	-1 884	-1 483	-1 975	-227	-837	-102	-251
外国证券	-782	8 386	6 330	507	2 643	-2 143	-11 073	140
美国非外银行公司报告的非外商合营的美国债券	50	-384	n.a.	227	-112	-510	-207	n.a.
美国银行报告的美国债权（不包括其他）	-2 659	-32 077	-24 976	-39 563	-15 595	28 873	-668	26 491
日本在美国资产	31 930	52 079	38 426	86 325	23 623	-26 551	-3 201	-14 243
私人在美国的外国净资产								
直接投资	3 081	4 098	7 417	17 838	18 653	17 355	5 183	-269
美国证券	5 717	13 039	12 607	9 310	9 554	-2 314	6 801	-3 518
美国债券								
美国非外银行公司报告的非外商合营的债务	502	402	—	761	499	1 062	438	—
美国银行报告的债务（不包括其他）	22 832	34 472	17 733	58 197	-5 241	-42 926	-16 092	-10 331

* 负号代表美国资产外流。

资料来源：美国商务部：《当代商务考察》；日本大阪市立大学中屋茂夫：" 日本产业竞争与资本成本的关系 "，载中国建设银行深圳市分行编：《中国：经济市场化与银行商业化》，中国财政经济出版社 1994 年版，第 219—220 页。

金融机构的跨国设立,是金融国际化的另一标志。70年代以来,随着国际业务的迅速扩展,一些大银行开始在国外大量设立分支机构。在1971—1979年的9年间,纽约的外国银行由79家增至234家,伦敦的外国银行由174家增至328家。到1986年初,在美国的外国银行已近600家,其中外国银行在美国的分支机构318家,拥有2 400亿美元的资产,184个外国银行代理处,资产也达600亿美元,另外,75家外国银行的附属金融机构拥有的资产达1 110亿美元。[1] 在英国的外国银行机构80年代中期也有300多家。80年代末期以来,一些新兴工业国家和发展中国家的银行也加快了在国外设立分支机构的进程。随着金融机构的跨国设立,外国银行资本占本国全部银行资产的比重也不断提高。

金融国际化的另一趋势是金融市场走向全球一体化。由于科技的发展、通信技术的完善以及各种金融工具的创新,各国的金融市场已与国际金融市场紧密地联系在一起,银行及其顾客在世界所有的金融中心都可以进行各种传统的和创新的金融交易。仅就外汇交易来看,可以在24小时内不停地进行。在纽约、伦敦、东京等大的国际金融市场继续发展完善的同时,法兰克福、苏黎世、巴黎、香港等地的国际金融市场地位也迅速上升。同时,新加坡、巴林、巴西等发展中国家也已形成了新的国际金融中心。到90年代,世界金融市场的外汇交易的日平均总额已超过5 000亿美元,一年达100多万亿美元,是世界贸易额的25倍。[2]

新的技术革命,特别是以电子计算机为核心的信息技术的广泛应用和高度发展,对金融的国际化起着连续不断的推动作用,90年代兴

---

[1] 《摩根银行经济季报》,1986年6月,第18—19页,转引自《外国银行制度与业务》一书。

[2] 张远、陈明星:《惯性下的增长》,江苏人民出版社1992年版,第148页。

起的信息高速公路工程必将使21世纪的金融更加国际化。

2.5 小结

本章的分析表明,在现代经济中,金融已成为推动经济发展的重要因素,经济运行与金融运行交融为一体。货币经济、信用经济、货币信用经济、金融经济的提法都从一个侧面描述了现代经济这一基本特征。

经济运行与金融运行的融合,一个主要的标志是经济货币化程度的提高。经济货币化程度的高低既是经济发展的结果,又是决定经济发展效率的重要因素。在120多年前的1871年,当时经济最发达的英国,货币化比率已达到0.516,到本世纪60年代,发达国家的货币化比率提高到大约0.85—0.9,发展中国家的这一比率平均在0.5—0.6,大约与90年前英国的水平相当。货币化比率的差异反映了金融在发展中国家与发达国家地位的差异以及在经济发展程度上的差距,同时也意味着发展中国家在提高经济货币化比率方面具有很大的潜力。

当经济货币化比率达到一定程度时,该比率的提高便会放慢,也即经济实现了货币化。金融的作用范围扩大与力度增强便通过其他形式体现出来。这便是货币外金融工具的增长。金融工具总值与经济总量(GNP)比值的增长即为经济的金融化。经济金融化是比经济货币化更为广泛的概念,它是现代经济发展的一个主要特征。经济的金融化极大地促进了现代经济的增长。

衡量经济金融化程度的指标可用金融—经济相关比率。发达国家的这个比率在110年前不到0.2,到1963年已增长到1.5,即金融工具总值超国民财富总值的50%。由于国民财富和金融工具总值的统计数据在各个国家都比较缺乏,为便于分析比较,可用国民生产总值代替国民财富,用金融机构的金融资产代替全部金融工具。从替代计算的金融—经济相关比率看,发达国家在1880年大约平均为0.78,到1963年,该比率上升为1.55;而欠发达国家分别为0.025和0.54。1963—1993年的近30年间,世界所有国家的金融化趋势都在加快,发达国家已达到2.3,比较发达国家达到1.6,欠发达国家也已超过0.8。中国在改革之前的1978年,该项比率仅为0.57,15年后,迅速提高到1.5,高于欠发达国家,接近比较发达国家的平均水平。

在经济货币化和金融化的过程中,现代金融产业也按照产业发展的一般规律和自身的特有规律不断推进着自己的发展进程。金融产业在发展的过程中,不断为社会推出新的金融工具,提供方便的金融服务,同时改变了金融资产的结构。金融资产的结构从一个方面反映了金融发展的程度。经济越发达,金融机构持有的金融资产占总金融资产的比例就越高,它表明间接金融的发展和储蓄、投资行为的机构化在增强。同时,随着经济和金融的发展,银行系统的资产在金融部门总资产中占的比重相对下降,而新的、更加专业化的非银行金融机构的资产比重则相对上升。

现代金融产业的形成与发展,使金融在推动国民经济发展的同时,也通过自身产值的增长为经济发展直接作出贡献。在目前,发达国家的金融业产值已占国民生产总值的15%—20%。

随着经济现代化进程的加快,金融的国际化趋势也在迅速增强。这种趋势通过三个方面表现出来:一是跨越国界的金融业务已占据很大比重;二是金融机构的跨国设立;三是金融市场的全球一体化。金融的国际化既是金融自身所具有的内在特征,又是国际经济发展和金融业竞争的必然结果。金融国际化是国际经济一体化与发展的重要前提,并在这个过程中起着有力的推动作用,而国际经济的一体化又为金融的国际化创造着坚实的基础。

在现代经济中,金融不但成为经济发展的重要条件和经济发展的重要组成部分,而且还与现代人们的生活息息相关。金融发展为人们的各项生活提供便利,它已超出经济的范围而与整个社会生活连在一起,因此,金融发展目前已成为国际社会衡量一国社会发展和进步的主要标志之一。在现代社会经济条件下,人们的各种交往十分频繁,世界经济走向一体化,现代交通、通讯的发展使地球变得越来越"小",银行卡、电子货币把人们带入一个新的世界。不能想象,没有金融的发展,人们会走向今天的现代化;也不可想象,没有金融的更进一步发展,人类社会能够进入更加繁荣进步的明天。

第3章 现代经济发展的因素分析与金融贡献度

不论社会制度如何，也不论人类社会处于何种发展阶段，经济发展始终是社会发展的基础。但是，决定经济发展的因素在经济发展中的重要程度并不是在任何社会都一成不变的。古典经济学家们对经济发展因素的分析集中在土地、资本和劳动这三个方面上。无疑，土地、资本和劳动在任何时候都是经济发展的基本因素，但经济发展的实践表明，在现代经济中，它们所起的作用在下降，也即它们对经济发展的贡献比重在降低。相应地，一些原本并不明显起作用因而可以被忽视的因素其重要性在不断上升，如技术进步、资源配置方式、规模节约、教育和知识积累以及制度变革等等都已成为新的决定经济发展的重要因素，以至西方一些现代经济学家专门以研究这些新生经济增长因素而形成令人瞩目的新的学派。着眼于西方国家长期经济趋向而创立的"经济增长理论"和把这些理论应用于发展中国家的"发展经济学"便是对这些新生经济发展因素研究的结果。金融无疑是这些新生经济发展因素中的一个，而且是重要的一个。所谓"新生因素"，是相对土地、资本、劳动而言。事实上，金融早已成长为经济发展的重要推动力，并在历史发展中作出了贡献，这在上两章的分析中已得到充分证明。那么，金融通过自身发展，特别是通过对其他因素的影响在多大程度上导致了经济发展呢？换句话说，金融对现代经济的发展究竟具有多大的贡献度呢？这便是本章所要考察的主题。

3.1 现代经济发展的因素分析

3.1.1 资本和劳动因素分析

古典经济学从微观分析的角度认为经济发展取决于土地、资本和劳动三个要素。凯恩斯在建立现代宏观经济学的理论分析中,着重考察的是资本这一因素。他在假定人口数量不变、资本数量不变和技术条件不变的前提条件下,认为一国的就业量(和收入)决定于有效需求的高低,而有效需求的高低决定于消费量的大小和投资的多少。由于人们的消费习惯从而消费水平在短期内比较稳定,因此消费品生产部门的就业量不会有大的变动。那么,就业量的增加就主要取决于投资品部门的扩大,即主要取决于投资量的大小。投资增加后,通过乘数作用扩大了公众的收入和消费,因而将进一步刺激消费品的需求和生产。如果劳动生产率一定,就业量的增加意味着总产量的增加。如果价格水平也是一定的,确定了总产量也就知道了总产值。如果企业生产出来的商品都能销售出去,总产值也就成了企业的总收益。总收益以工资、利润、利息和地租的方式在社会各成员之间进行分配时,总收益也就转化为一国的总收入。在凯恩斯看来,总就业量、总产量、总产值、总收益是四个可以互换的概念。要使这些总量增长,必须增加投资(包括刺激私人投资和扩大政府投资)。而投资来源于储蓄,要努力使储蓄全部转化为投资,即动员全部积累去投资。当投资等于储蓄时,经济处于均衡状态,总供给与总需求平衡,从而使收入达到最大。因此,投资等于储蓄,是经济稳定增长的条件。

凯恩斯对收入增长和投资的分析其着眼点在于通过扩大投资而增加就业,通过政府干预而调节经济,从而建立了现代宏观经济学。对经济增长的专门理论研究开始于在他之后的英国经济学家哈罗德（R. F. Harrod）和美国经济学家多马（E. Domar）。他们的研究都是建立在凯恩斯上述分析的基础上，并试图把凯恩斯采用短期比较静态分析所提出的国民收入决定论（就业理论）长期化、动态化。哈罗德先在1939年发表了《论动态理论》一文，又在1948年出版的《动态经济学导论》一书中系统提出了他的经济增长模型。40年代中期，多马也独立地提出了与哈罗德模型基本相同的增长模型，因而他们两人的增长理论被称为"哈罗德—多马模型"。

哈罗德和多马对经济增长因素的分析，仍然主要是投资。哈罗德在投资与收入关系的加速原理基础上论证了储蓄全部转化为投资的前期收入增长条件。他认为，要使储蓄全部转化为投资，必须有较高的前期收入增长率，那么前期收入增长率究竟高到何种程度才能使本期的储蓄全部转化为投资呢？他提出了自己的经济增长模型：

$$G \times c = s$$

式中，G 表示收入（或产量）的增长率；c 表示资本系数；s 表示储蓄比率。

他假定 c 和 s 是固定的，那么要使储蓄全部转化为投资，必须有一个理想的增长率 G。比如储蓄与收入的比率为20%（$s = 0.2$），每增1个单位的产量所需的投资为4（$c = 4$），那么，G 必须达到5%时才能使储蓄全部转化为投资（$0.05 \times 4 = 0.2$）。如果收入（或产量）的增长率为4%，那么，就会有4%的储蓄闲置下来（$0.04 \times 4 = 0.16$）。如果收入增长率过大，则没有储蓄支撑投资，资本就会感到不足，这两种情况都会使经济产生不均衡。因此他主张要保持长期稳定增长，必须使收入（产量）增长率保持在能够充分利用生产能力的水平上。

与哈罗德一样，多马的增长模型分析的也是投资这一因素。他的增长模型也是试图论证经济稳定增长的条件，不过，哈罗德强调的是上一期的收入水平变化对本期投资的影响,而多马强调的是本期的储蓄完全转化为投资时,本期这项投资对于下一期的生产能力增长的影响。多马认为,凯恩斯投资乘数作用不仅仅扩大了总需求,还会产生新的生产能力,即扩大总供给,但这项新的生产能力只有在下一时期中能够得到充分利用的情况下,生产者才愿意投资。所以,下一时期的总需求必须等于包括新生产能力在内的总供给,经济才能均衡发展。多马用 ΔY_Q 代表一个社会增加的生产潜力,I_σ 代表一定量的净投资所增加的生产能力,ΔY_D 代表由一定量的投资所增加的总需求。他认为投资使生产能力增加,要使新增加的生产能力得到充分利用,就必须使总需求的增加量等于新增加的生产能力的量,即 $\Delta Y_Q = I_\sigma = \Delta Y_D$。

可见,哈罗德和多马模型都是以分析投资这一因素与经济增长的关系为核心的。他们认为经济增长的中心问题是如何能够使预计的投资不断地和增长着的预计的储蓄量相等。正如西方经济学家所评论的,哈罗德强调的是加速原理和生产者对过去的收入水平的反应,他试图确定的是昨天和今天之间的产量是否真正增长到引致的净投资量充分吸收了今天的充分就业条件下的储蓄;多马强调的是今天的净投资对于明天的生产能力(或称生产潜力)的影响,通过分析净投资和生产能力之间的联系,企图确定这些生产潜力得到充分使用时所必须的经济增长率。

在哈罗德—多马增长模型发表后,美国的索洛、澳大利亚的斯旺、英国的米德和美国的萨缪尔森等经济学家也开始进行经济增长因素的分析。由于他们的分析更接近于传统经济学,所以他们的模型被称为"新古典模型"。与此同时,英国的新剑桥学派也提出了自己的经济增长模型。其倡导者主要是英国的琼·罗宾逊(J. Robinson)、卡尔多(N. Kardor)和意大利的帕森奈蒂(L. Pasinetli)等人。

从内容上看,哈罗德—多马模型、新古典模型、新剑桥学派模型对经济增长因素分析的对象主要是资本的投入（投资）这一项，并连带分析了劳动这一因素。综合他们的结论便是：

（1）关于资本因素：

经济增长取决于资本投入量（投资）的增长；

要保证有一个能够使储蓄全部转化为投资的合意增长率；

可以通过调整资本—劳动配合比例，从而改变资本—产出比率，使经济增长率与自然增长率相一致；

可以通过改变收入分配比例调整社会储蓄倾向和储蓄量实现理想的经济增长。

（2）关于劳动因素：

劳动对经济增长的影响取决于平均的劳动力增长率和平均的劳动生产率的增长率。

3.1.2 新经济增长因素分析

上述对经济增长因素的分析主要集中在古典学派提出的土地、资本、劳动这三大基本要素上。而经济发展的进程表明，在现代经济增长中，一些新的因素的作用在迅速增长，如技术进步、资源配置、规模节约、知识进展等等。把技术进步作为经济增长的一个因素进行分析，最早是由英国经济学家希克斯（J. R. Hicks）开始的。

希克斯在1932年出版的《工资理论》一书中，按照发明对于资本边际生产力和劳动边际生产力的影响，把技术进步分为三种类型。一种类型是"节约资本"（Capital-Saving）的技术进步，即能够降低资本边际生产力与劳动边际生产力二者比率的技术进步。比如原来生产要素中资本与劳动的比率为4∶1，如果由于技术进步，新的生产在投入1个单位劳动的时候只需要投入3.6个单位的资本可以了，那么资本与劳动的比率就从4∶1降到3.6∶1，这就节约了资本。第二种类型是"节约劳动"(Labour-Saving)的技术进步,即能够提高资本边际生产力与劳动边际生产力二者比率的技术进步。如上例,如果技术进步使新的生产在投入4个单位资本时只需投入0.9个单位的劳动就可以了,那么资本与劳动的比率便从4∶1提高到4∶0.9。第三种类型是中性的技术进步,即资本边际生产力对劳动边际生产力比率保持不变而产出增加的技术进步。这种技术进步意味着资本边际生产力与劳动边际生产力同比例提高,同时也意味着不改变工资和利润在国民收入中的比例。

在希克斯分析的基础上,50年代以来,美国的索洛和肯德里克(J. W. Kendrick)等人根据有关统计资料,开始推算技术进步对产量增长所作的贡献。其计算方法是,首先算出统计期内劳动投入量的增加和资本投入量的增加以及它们各自对该期产量增加所作的贡献,然后从产量的实际增加量中减去,剩下的余值(Residual)就是技术进步对产量的增长所作的贡献。索洛等人根据统计资料研究的结论是,技术进步对经济增长所作的贡献远远超过资本积累所作的贡献。

在对经济增长诸多新因素的分析中,西蒙·库兹涅茨(S. Kuznets)作出了重要贡献,并成为现代经济增长理论的奠基人之一。

西蒙·库兹涅茨是美国当代著名的经济学家和统计学家。他最早从事国民收入统计的研究,并创立了国民生产总值(GNP)统计体系。他认为,各个经济时代的发展都伴随着同时代的时代创新。技术进步是创新的主要内容,但技术进步带来的增长潜力常常需要许多社会创造,即改变组织方式以诱导人们在经济活动方面合作与参与,如果没有各种新型的制度手段和措施与之配合,创新带来的巨大作用不可能得到充分的发挥。因此,"技术进步和制度变革的共同作用是创新时期增长的核心。"[1] 西蒙·库兹涅茨对经济增长因素的分析特别强调了技术、

---

① 西蒙·库兹涅茨:《现代经济增长:速度、结构与扩展》,戴睿、易诚译,北京经济学院出版社1989年版,第4页。

制度和时代精神等方面。他在1971年接受诺贝尔经济学奖仪式上发表的演讲《现代经济增长：研究结果和意见》中，将经济增长这一概念描述为"不断扩大地供应它的人民所需的各种各样的经济商品的生产能力有着长期的提高，而生产能力的提高是建筑在先进技术的基础之上，并且进行先进技术所需要的制度上和意识形态上的调整。"他认为这个定义中的三个组成部分都是重要的。持续扩大商品的供应是经济增长的结果，而这应是由于应用各种先进的现代化技术实现的；但若要保证先进技术的充分运用，必须有相应的制度和意识方面的调整。在他的研究中，对促进经济发展的各种因素进行了综合分析，并利用了大量统计资料从数量和结构方面寻出了经济发展的趋势。特别是他提出了"效率增长"这一概念。他提出，"现代国民产值的增长一方面是由于资源，即劳动力和资本投入的增长，或一方面是由于效率的增长，即单位投入有更大的产出，或两者并而有之"[①]。

劳动和资本对经济增长的贡献是极其明显的，并且有众多的经济学家作过大量的研究。这一点，从直观上也不难看出来。人口的大量增加必然意味着劳动力大量增加，劳动力的大量增加意味着产出的增加，产出的增加导致更多的资本积累，从而再生资本上升。但劳动和资本对经济增长的贡献程度是变化的。西蒙·库兹涅茨研究的结果是：现代经济的增长速度大大高于先前时代。大约200年来，人均产量平均年增长率为2%，人口增长率为1%，总产量（真实国民产值）为3%。这表明人均产量大约35年增加1倍，真实国民产值24年即可增加1倍，其增长率大大超过18世纪产业革命之前所有世代的增长率。在现代经济增长中，劳动和资本的贡献比重在降低。"人均生产时间的投入和与之伴随的物质资本的投入的增长，只引起了人均产值不足1/5的

---

① 西蒙·库兹涅茨：《现代经济增长》，第62页。

增长,且近几十年还在不断下降。现代经济增长是以这样一个事实为标志的,即人均产值增长主要归功于各种投入的质量的提高,而非投入量的增加——实质上可归因于更高的效率或每个简单单位投入量的更高产出,以及实用知识的增长和有效利用这些知识的制度性安排"。[1] 同时,西蒙·库兹涅茨还强调,这一结论并不是说资源投入的增加不重要,而是说这种投入在质量方面的影响大于数量方面,间接影响大于直接影响。因此分析经济增长因素的焦点必须放在效率提高的源泉上,即产出对人/时和资本投入比率的上升上。[2]

西蒙·库兹涅茨在研究效率增长的同时,还研究了经济结构、制度变革等方面的重要作用。

肯德里克依据库兹涅茨的统计分析方法,就美国的国民收入统计资料进行了实证分析,得出了生产率因素对经济增长的贡献程度大约占总增长的一半。肯德里克使用的生产率概念与库兹涅茨的概念相同,都是采用"全部要素生产率",即产量与投入量的比率。投入量则规定为生产要素的生产性服务,即包括劳动、资本和土地三个因素在内,其中资本指的是像厂房建筑、机器设备和存货等"劳动制造的资本财物",土地包括"一切自然资源"在内。由于资本和土地都是非劳动性生产因素,所以他又把土地并入到资本概念中去,把生产要素简化为劳动和资本两项。

按照全部生产要素生产率的概念,肯德里克计算出1889—1957年间美国国内私营经济领域全部要素生产率平均每年增长1.7%,真实产值平均每年增长3.5%,这表明,真实产值的增长中,其中一半是由于实际劳动和资本投入量的增加,另一半是由于使用这些投入量的效率即生产率增长的结果。那么,是什么因素导致了生产率的提高呢?肯德

---

[1] 《现代经济增长》,第433页。
[2] 同上书,第75页。

里克认为因素是复杂的,如无形资本存量的增长、资源配置的合理化、技术革新的扩散程度、生产规模的变动、人力资源和自然资源的内涵质量等都是影响生产率的长期因素。但对这些因素的具体影响,他没有进一步分析。

对新增长因素进行定量分析并获得重要成果的是美国经济学家丹尼森。丹尼森通过量的测定,把产量增长率中各个因素对增长所作的贡献进行分解,测算出各个因素的具体比重。他把经济增长的因素分为两大类,第一类为总投入量,第二类为单位投入量的产出量,也即西蒙·库兹涅茨和肯德里克所说的全部要素生产率。第一类中又分为劳动和资本两项,第二类中主要有知识进展、资源配置和规模节约等三项。

丹尼森认为,估算劳动投入量除了计算就业人数之外,还要考虑就业人员的年龄、性别、受教育程度和工作时数。不同领域的就业人员在这些方面是不同的,从而对产量增长的贡献也就不一样,其中受教育程度的影响是很明显的。关于资本投入量,他认为,在非住宅性企业领域内有两类资本投入量,一是存货的投入量,包括原料、在制品、成品、零件、农产品和牲畜等;二是非住宅性建筑和设备。在资本投入量中,不包括资本财物设计的改善在内,虽然这种改善能够增加产量,但这应看作是效率提高,不应代表投入量的增加。关于土地因素,丹尼森认为,由于土地总量是不变的,所以地区的开发和深层矿藏的开发应看作是新技术的运用和资本投资的增加带来的结果,而不是土地使用量的增加,所以土地投入量在任何时候都是不变的。通过复杂的计算,丹尼森得出劳动、存货、非住宅建筑和设备以及土地等各自投入量的指数。然后,再根据它们各自(通过工资、利润、地租的形式)占国民收入的百分比加权计算出全部要素投入量指数。如效率不变,其全部要素投入量的增长率应等于经济产量的增长率。如果产量增长率超出全部要素投入量的增长率,那么超过部分即为生产率的增加。

丹尼森认为,单位投入量的产出量变化,也就是全部要素生产率,不像投入量的各个因素那样能够直接独立地计算出来,而只能通过产量增长指数(他用国民收入代表经济产量)来推算,他认为,在决定要素生产率增长方面,最为重要的因素有资源再配置、规模经济和知识进展这三项。所谓资源再配置,丹尼森是指两种人力资源配置的改善,一种是原来配置过多的农业劳动力转移到工业中,而工业劳动力的平均产出比农业劳动力高;二是原来的部分非工资收入者(小业主及家庭成员)转化为工资劳动者。这两种再配置提高了总产出,也即提高了生产率。规模经济对生产率的影响也是明显的,但丹尼森认为这个因素往往与先进技术的采用和投入原材料本身质量的提高交织在一起,不易单独计算。但他认为,作为整体的一个经济体系,如果有些规模上的不经济总会被到处发生的规模节约所抵消,所以生产规模的扩大必伴随着规模节约。丹尼森还根据亚当·斯密的劳动分工受市场规模限制的理论,用市场范围的扩大来表示规模节约,因为市场的扩大就有机会提高行业之间、企业之间以及它们内部的专业化程度,就有机会扩大企业规模而不损伤能够促使效率提高的竞争能力,从而使单位成本降低,获得递增收益。为此,丹尼森作出如下估算:在国民收入增长为 1% 时,整个经济的规模节约等于它的 10%。除资源再配置、规模节约之外,影响生产率的更主要的因素是知识进展。因为当知识适合于生产发展的要求时,从定量的资源中所得到的产量必然增加。所以知识进展能使同样劳动、资本和土地投入量生产更多产品,或者说,生产同量产品只需要更少投入量。丹尼森的知识进展是综合性概念,它包括技术知识、管理知识的进展和由于采用新的知识而产生的结构和设备的更有效的设计在内,还包括国内、国外的各种研究和经验积累等方面。虽然知识进展对经济增长的贡献是极其明显的，但却无法直接计算这个量，丹尼森把经济增长率中减去上述各种可能计算的因素数字后，剩余的差额作为这一因素的贡献程度，他认为这一因素的贡献正在增长，目前，已近 1/3。表 3-1 是丹尼森在《增长因素的核算》一书中对 1929—1969 年美国经济增长率的分解表。

表 3-1　1929—1969 年美国国民收入的增长因素

	增长率（百分点）			占总增长的 %		
	1929—69	1929—48	1948—69	1929—69	1929—48	1949—69
国民收入	3.33	2.75	3.85	100.0	100.0	100.0
总投入量	1.81	1.49	2.10	54.4	54.2	54.4
劳动	1.31	1.36	1.30	39.3	49.5	33.8
就业	1.08	1.02	1.17	32.4	37.1	30.4
工时	-0.22	-0.23	-0.21	-6.6	-8.4	-5.5
年龄—性别构成	-0.05	0.01	-0.10	-1.5	0.4	-2.6
教育	0.41	0.40	0.41	12.3	14.5	10.64
未分解的劳动	0.09	0.16	0.03	2.7	5.8	0.8
资本	0.50	0.13	0.80	15.0	4.7	20.8
存货	0.09	0.05	0.12	2.7	1.8	3.1
非住宅性建筑和设备	0.20	0.03	0.36	6.0	1.1	9.4
住宅	0.19	0.06	0.29	5.7	2.2	7.5
国际资产	0.02	-0.01	0.03	0.6	-0.4	0.8
土地	0.00	0.00	0.00	0.0	0.0	0.0
单位投入量的产出量	1.52	1.26	1.75	45.6	45.8	45.5
知识进展	0.92	0.62	1.19	27.6	22.5	30.9
改善的资源分配	0.29	0.29	0.30	8.7	10.5	7.8
农场	0.25	0.27	0.23	7.5	9.8	6.0
非农场独立经营者	0.04	0.02	0.07	1.2	0.7	1.8
住宅居住率	0.01	0.02	-0.01	0.3	0.7	-0.3
规模的节约	0.36	0.29	0.42	10.8	10.5	10.9

续表

	增长率(百分点)			占总增长的%		
	1929—69	1929—48	1948—69	1929—69	1929—48	1949—69
非正常因素	−0.06	0.04	−0.15	−1.8	1.5	−3.9
农业气候	0.00	0.01	−0.01	0.0	0.4	0.3
劳资争议	0.00	0.00	0.00	0.0	0.0	0.0
需求强度	−0.06	0.03	−0.14	−1.8	1.1	−3.6

资料来源：引自范家骧、高天虹：《西方经济学》(下册)，中国经济出版社1992年版，第52页。

可以看出，按照丹尼森的计算，1929—1969年，美国总的国民收入年均增长率为3.33%，其中1.31个百分点是由劳动投入量提供的，0.5个百分点是资本投入量决定的，二者之和为1.81，其余的1.52是由单位投入量的产出量（效率）提供的。也即在总的经济增长中，有54.4%是由劳动和资本的投入量的增加得来的（其中劳动的贡献为39.3%，资本的贡献为15%），45.4%是由于要素生产率的提高获得的。在生产率因素中，知识进展为27.6%、规模节约为10.8%、资源配置为8.7%[1]。从时间因素看，1948—1969年的经济增长率快于1929—1948年的增长率，高出1.1个百分点。增长率的增加主要贡献在于资本因素和知识进展，其中资本贡献0.67个百分点，知识进展贡献0.57个百分点。知识进展速度的加快是和1948—1969年间科技的迅速发展紧密相联的，战后几十年间，由于知识进展而提高的年增长率稳定在1.2%的水平上。

丹尼森用上述方法还对日本、英国、意大利、加拿大等国家经济增长因素的贡献大小作了比较。其结论是，尽管各个因素在不同国家的贡献程度有所不同，但有一点是共同的，即要素生产率的贡献都占了很大比重：加拿大为43.75%、英国为52%、西北欧为65%、日本为60%。

---

[1] 数字之间稍有误差，是由计算过程中的多次取舍造成。

总之,现代西方经济增长理论研究的结果是,随着经济的发展和社会的进步,在现代经济的增长中,劳动和资本的贡献在逐渐降低,一些新因素的重要性正在加强。从数字来看,在经济增长率中劳动和资本投入量的增长与要素生产率的增长各占一半,其中在要素生产率的贡献中,知识进展、规模节约和资源配置大约分别占 60%、25% 和 15%。

3.2 现代经济发展中的金融贡献度

对经济发展因素的分析,从哈罗德—多马模型到丹尼森模型,都没有把金融这一因素单独列出来,而是把金融因素与制度因素放在一起,或者包含在技术进步、知识进展或资源配置之中。也有些经济学家把金融看作是条件,而不作为增长因素。而实际上,金融在现代经济中不但已成为一个发展因素,而且成为一个非常重要的发展因素。

根据前面两章的分析,金融在经济发展中的作用可概括为四个方面:(1)通过金融自身的特点如货币方便商品流通、信用促进资金融通等为经济发展提供条件;(2)金融通过促进储蓄向投资的转化(包括数量和质量)为经济发展提供资本投入;(3)通过金融机构的经营运作实现全社会合理的资源配置;(4)通过金融业的自身产值增长直接为经济增长作贡献。如果我们把这些作用与本章前一节的增长因素分析方法结合起来,可以把金融这一因素对经济增长的贡献分为三部分:一是对要素投入量提高的部分,二是对要素生产率提高的部分;三是直接增加经济总量的部分。

3.2.1 金融在要素投入量提高中的贡献

经济增长的基本因素是劳动和资本投入量的增加。劳动和资本(由于土地总量不能增加,在分析时可以把它并入资本之中)增加使得经济产出量增加的过程和机制,从古典经济学到现代经济学都给予过充分的论证。古典经济学进行的是定性分析,现代经济学从定性和定量两方面分析。在投入量的因素中,劳动的增长取决于人口增长和劳动力的增长;资本的增长取决于储蓄的增长。储蓄是资本投入增长的唯一来源。但在西方经济学家对增长问题的分析中,大都假定储蓄倾向不变并且储蓄直接等于投资。而在实际上,这两个假定都不是绝对成立的。

在国民收入分解为消费和储蓄的过程中,二者的比例关系有它内在的决定因素,但消费总是有最低的基本消费和一定程度的可能消费,储蓄也总是会有必不可少的基本储蓄和一定程度的可能储蓄。也就是说,在既定的国民收入水平下,消费与储蓄之间总是存在着一个弹性区间。弹性区间的存在使真实的消费—储蓄比例可能因许多因素而改变。不论是理论分析还是实证研究,金融的存在和发展都促使了这个弹性区间被更大份额的储蓄所挤占。这主要是由于以下两个原因:一是金融的发展使储蓄转变为未来消费变得非常容易,如货币储蓄显然比实物储蓄更为方便;二是利息的存在使储蓄能够带来增值从而为将来更多的消费创造条件。虽然金融发展(如提供消费信用)也有促使消费倾向增加的可能,但就总体说来,金融对消费—储蓄比例天平的改变是向储蓄一方倾斜。因此,金融可以在一定范围内使储蓄率上升,从而为投入量的增加提供源泉。

在经济从不发达走向发达的过程中,储蓄率的高低起着决定性的作用,几乎所有的国家在发展过程中都伴随了储蓄率的上升,一些出现发展奇迹的国家和地区在起飞阶段的储蓄率曾达到很高的水平。工业革命后到19世纪末,最突出的例子是英国和美国。整个18世纪和19世纪上半叶,英国一直是储蓄率最高的国家之一;在19世纪下半叶,美国的储蓄率迅速上升。在相当长的时间内,英、美的储蓄率都曾保持在30%以上。以储蓄率的增长支撑经济起飞的例子在20世纪最突出的代表是日本。日本在50—70年代的高速增长时期,储蓄率曾高达40%。70—90年代,韩国、新加坡等新兴工业国家和地区也出现了很高的储蓄率。改革开放后的中国,储蓄率一直保持在30%—40%的水平上,是储蓄支撑经济起飞的又一典型例证。表3-2反映了1960—1990年发展中国家和地区储蓄率的上升情况。

从表3-2中可以看出,在1960—1990年的30年间,发展中国家和地区的平均储蓄率从20%上升到24%,并且各个时期的变化情况与经济发展基本吻合。储蓄率的上升使可投入的资本量增加,从而为经济发展提供了递增的资本支持。虽然储蓄率的上升并不只是由于金融发展这一个因素,但金融应是其中最重要的一个。在第2章的第2、3节中我们曾分析过金融机构资产量的增长和有价证券余额的增长都大大快于国民生产总值的增长,这说明金融机构和金融市场的发展是促使社会储蓄率上升的主要原因。因此,用发展中国家平均储蓄率的上升率来近似地代表资本投入量对经济增长贡献中的金融贡献率基本上是可取的。

表3-2 1960—1990发展中国家和地区储蓄占GNP的比重(储蓄率%)

	1960	1965	1970	1982	1990	比重增长	年均增长
收入较低的国家	18	18	19	21	28	10	0.333
其中:中国	24	25	29	30	43	19	0.633
印度	14	15	16	22	20	6	0.200
中偏下收入的国家	14	20	19	17	23	9	0.300
其中:印尼	8	8	14	19	37	29	0.967
泰国	14	19	21	21	34	20	0.667
中等收入国家	19	20	20	21	24	5	0.167
比较发达的发展中国家和地区	20	25	23	23	23	3	0.100
其中:新加坡	—	10	18	41	45	35	1.400
韩国	—	8	15	24	37	29	1.160
发展中国家和地区平均	20	20	21	22	24	4	0.133

资料来源:根据世界银行:《世界发展报告》(1984、1989、1992)的有关数据整理,该报告中译本由中国财政经济出版社出版。

如以表3-2显示的数据为依据,则发展中国家和地区近30年间平均储蓄率的上升每年约为0.133个百分点,也就是说,在同期世界经济年均增长的3.5%中,有0.133个百分点是由于金融促进储蓄量的增加从而促进资本投入量增长形成的。金融在这方面的贡献占到国民生产总值增长率的3.8%。

有一点需要说明,在表3-2的引证中,我们只分析了发展中国家和地区,没有包括发达国家,这是因为近30年来发达国家的储蓄率已基本上趋向稳定。在发展中国家和地区,储蓄率的上升在不同的发展阶段差异也很明显:较低收入国家在30年中上升了10个百分点,中偏下收入国家上升了9个百分点,中等收入国家上升了5个百分点,而比较发达国家和地区上升了3个百分点。这说明储蓄率的上升并不是无限的。在经济发展从程度较低向较高迈进的起飞阶段,储蓄率的上升较快,也可以说储蓄率的提高在一个国家和地区经济发展的起飞阶段所起的推动作用最为明显。当经济发展达到较高的水平之后,储蓄率的上升会相对放慢。而当经济实现了现代化之后,储蓄率便会相对稳定下来。但这并不意味着金融的作用和对经济的总体贡献程度也随之降低,而是通过另外的途径(特别是通过促使社会生产率的提高)表现出来。这在下面的研究中会得到证明。

在经济发展的过程中,金融不但能够通过自身发展促使可能消费(或可能储蓄)转化为实际储蓄,从而提高储蓄率并以此扩大资本的投入量,而且,金融还能够促进储蓄向投资的转化。在任何经济社会中,在储蓄量既定的条件下,投资数量都取决于储蓄向投资的转化能力。在西方经济学家的分析中,对这一点没有给予足够的重视:凯恩斯把投资等于储蓄看成是经济稳定增长的条件,但没有分析如何实现这个条件;哈罗德—多马模型认为,只要保证经济有一个"合意的增长率",储蓄便能自动全部转化为投资,其中劳动—资本配置比例和资本—产出比率不变;新古典模型虽然论证了劳动—资本配置比例是可变的从而资本—产出比率也是可变的,但该模型也是建立在储蓄全部转化为投资这一论点上,他们认为储蓄直接了当就是投资。而在实际上,如同储蓄倾向一样,储蓄完全转化为投资的假定也不是完全成立的,在储蓄与投资之间不是完全平坦的直通道,中间隔着一个复杂的"市场"。

储蓄能否完全转化为投资,或者说有多大比例的储蓄能够转化为投资,取决于多种因素。要分析这些因素,比较直接的办法是分析投资的决定。投资的主体是企业,企业投资的着眼点是实现最大限度的利润。[①] 决定投资利润的因素有三个,即投资期的预期收入流量、投资品的购价及市场利息率。预期收入流量当然指的是净收入,由于净收入流量是在一个时期内逐步形成的,而对投资品的支出是一次性支付,因此要准确计算利润量,还必须把逐年的收入折算成现值,也即把未来收入进行贴现。而贴现值的大小取决于利息率。利息率越高,现值越低。假定一个五年期的投资,每年的净收入分别为 R_1、R_2、R_3、R_4 和 R_5,r 为市场利率,V 为未来收入的现值。则:

$$V = \frac{R_1}{(1+r)} + \frac{R_2}{(1+r)^2} + \frac{R_3}{(1+r)^3} + \frac{R_4}{(1+r)^4} + \frac{R_5}{(1+r)^5}$$

当投资者预计每年净收入为 100,市场利率为 5%,则这些未来收入的总现值为:

$$V = \frac{100}{1.05} + \frac{100}{(1.05)^2} + \frac{100}{(1.05)^3} + \frac{100}{(1.05)^4} + \frac{100}{(1.05)^5}$$
$$= 95.24 + 90.70 + 86.38 + 82.27 + 78.35 = 432.94$$

如果投资者认为能够取得这种结果时可以投资的话,那么当利息率 r 超过 5% 时,他便会放弃这项投资;当利息率 r 低于 5% 时,他便会更加积极地从事这项事业。

[①] 这里暂不考虑政府以公益事业为目的的投资。

可见，利息率是决定投资者进行实际投资的一个最重要因素，从而也就成为决定储蓄向投资转化的重要因素。当然，在储蓄向投资的转化过程中还有其他因素，但无疑利息率是最主要的一个。

利息率是金融活动中的一个范畴，是金融市场上资金供求决定的均衡价格。如果金融机构运作有效，能够通过提高自己的效率在充分吸引储蓄增加的同时，保持贷款利息在一个较低的水平上，无疑就能够既实现储蓄的增长，又能够促使储蓄最大限度地转化为投资，从而使总的资本投入量增加。

以 β 代表储蓄向投资转化的系数，I 代表投资，S 代表储蓄，则 $\beta = I/S$，$I = \beta S$。由于储蓄是投资的唯一来源（如不考虑超过储蓄量的信用货币投入），因此 $\beta \leq 1$。金融的作用在于使 β 的值提高，并努力使其达到它的最大值 1。因此，β 值的平均年增长率（用 β' 代表）可看作是金融对资本投入量提高所作出的贡献。但是，由于目前各国以及世界银行等国际组织对储蓄与投资的统计是放在一起的，即国内投资＝国内储蓄 ± 国外储蓄净额，因此对 β 值的计算在目前条件下尚有很大资料上的困难。但不难推论，在经济和金融发展过程中，β 值是不断上升的，金融对促使储蓄向投资转化的推动作用是持续的。如果说在经济实现了现代化后金融便很难影响储蓄率，那么，金融对推动储蓄向投资转化的作用则不论经济发达到何种程度都是存在的。尽管如此，我们却很难准确地计算金融在多大程度上促进了储蓄向投资的转化以及转化系数之大小。但有理由估算，金融在这方面的贡献不会低于促使储蓄率上升的贡献，也即在总的经济增长率中，金融通过促使储蓄向投资转化系数的提高对经济增长的贡献不会低于 3.8%。

上述分析表明，金融对资本投入量提高的贡献在于两个方面：一是提高了可用于投资的储蓄量，二是提高了储蓄向投资的转化系数。这两者大约各占到国民生产总值增长率中的 3.8%。如果考虑到金融在现代经济中还可以提供超过储蓄量的信用货币投入，那么金融对要素投入量增加的促进作用就更加明显。

金融对劳动投入的增长也起着积极的作用，这种作用主要是通过促进就业比重提高体现出来。劳动的增长主要取决于人口增长和劳动力的增长，但对经济增长作贡献的劳动是就业劳动力的劳动，因此就业劳动力的增长是决定经济增长的劳动因素。金融不能使人口增加，也不能使劳动力增加，但可以使总劳动力中的就业人数增加。一方面，金融通过促进资本投入量的增加以吸纳更多的就业人数；另一方面，也是更重要的，是金融领域直接吸纳了就业量。从就业结构来看，随着金融的发展，金融部门的从业人员比重在不断上升，我们可以用金融业就业人数占总就业人数比重的提高来衡量金融对劳动投入量提高的贡献。表3-3是整个70年代四个发达国家金融业就业人数占就业总人数的比重变化表。

表3-3　70年代美、日、英、法四国金融（含保险不动产）业就业比重（%）

	美国	日本	英国	法国
1970	5.01	2.55	4.27	1.94
1972	5.30	2.93	4.52	2.03
1974	5.47	3.24	4.68	2.16
1975	5.51	3.26	4.91	2.27
1976	5.47	3.42	4.84	2.37
1977	5.57	3.37	4.88	2.48
1978	5.73	3.33	5.08	2.50
1979	5.98	3.47	5.28	2.50
1980	6.02	3.43	5.37	2.59
平均每年增长	0.10	0.08	0.11	0.06

资料来源：根据《国际经济统计手册》第193—197页资料计算。

可以看出，70年代在列举的西方四国中，金融业的就业比重都是上升的，四国平均上升了0.088个百分点。这种趋势80—90年代仍然在持续。表 3-4 反映了中国在 1978—1993 年金融业的就业比重增长情况。

中国改革开放以来，金融业就业比重无一例外地逐年增长，15 年间增长了 0.259 个百分点，年均增长 0.017 个百分点。由于中国金融业的就业比重还处在一个很低的水平上，因此这一比重的提高还会加快。如果我们用中国 15 年来金融业就业比重的增长率与 70 年代发达国家金融业就业比重的增长率的平均值代表金融对劳动投入量的贡献，那么，在世界经济年均 3.5% 的增长率中，金融在这方面的贡献占了 0.053 个百分点，即占总增长率的 1.5%。

表 3-4 中国 1978—1993 年金融业就业比重

年份	全社会总就业人数（万人）	金融业就业人数（万人）	比重（%）
1978	40 152	76	0.189
1979	41 024	86	0.210
1980	42 361	99	0.234
1981	43 725	107	0.245
1982	45 295	113	0.249
1983	46 436	117	0.252
1984	48 197	127	0.264
1985	49 873	138	0.277
1986	51 282	152	0.296
1987	52 783	170	0.322
1988	54 334	193	0.355
1989	55 329	205	0.371
1990	56 740	218	0.384
1991	58 360	234	0.401
1992	59 430	248	0.417
1993	60 220	270	0.448
平均每年增长	2.74%	8.82%	0.017

资料来源：根据《中国统计年鉴》(1991—1994) 有关数据整理计算。

总之，金融对要素投入量提高从而对国民经济增长的贡献是通过促进储蓄量、储蓄向投资的转化系数和就业量的增长体现出来的。我们用 s' 代表因金融因素产生的储蓄率的上升率，用 β' 代表金融对储蓄向投资转化系数的提高比重，用 e' 代表金融业就业比重的增长率，那么，金融因素通过促进要素投入量增加而对国民经济增长的贡献率 q' 为：

$$q' = s' + \beta' + e'$$

前面的分析表明，s' 和 β' 的值大约各为 0.038，e' 的值为 0.015，代入上式得：

$$q' = 0.038 + 0.038 + 0.015 = 0.091$$

这说明，在现代经济增长中，金融通过促进要素投入量的增长而对经济总增长率的贡献为 9.1%。

3.2.2 金融在要素生产率提高中的贡献

库兹涅茨、丹尼森等人的研究表明，在现代经济增长中，有大约一半是因要素生产率的提高引致的。而促使要素生产率提高的因素又是多方面的，包括技术进步、知识进展、资源再配置、规模经济等等。那么，被他们省略了的金融处于什么地位呢？

对金融在要素生产率提高中的作用作定性分析并不十分困难，从前面两章的分析中便可得出结论。即使在直观上观察，也是显而易见的：金融促进了资本流动，节约了资本和劳动投入，为资源优化配置创造了条件，提高了资本效率等等。应当肯定，金融在促使全要素生产率提高的过程中是与其他因素结合在一起共同起作用的。这不但包括劳动、资本、土地这三大基本要素，而且包括技术进步、知识进展、资源配置、规模经济等新生增长因素。库兹涅茨、丹尼森等人分析的新生经济增长因素对经济的贡献，哪个因素也不可能离开金融而单独起作用。

但对金融在全要素生产率提高中的贡献作直接定量分析其困难要

比作定性分析多得多。困难主要来自三个方面。首先是缺乏全要素生产率增长的统计分析资料，现代经济增长理论只是提供了一个理论研究思路，尚未找到令人信服的计算公式或数量模型去准确计算它，这就使得在此基础上的延伸研究没有直接的科学方法来借用。其次是对促使全要素生产率提高的众多因素进行归纳和界定，很难做到全面，也很难避免实质内容上的重复。第三个困难来自于对金融本身的分析，由于金融对生产率的促进作用是和众多因素结合在一起的，在技术上很难从相互交错的作用机理中直接剥离出来。尽管如此，我们还是可以探寻一些相近的指标去近似反映金融在要素生产率提高中的贡献程度。虽然下面的分析并不十分理想，但考虑到对新生增长因素贡献比率进行分析这一命题本身从出发点上就不是为了追求精确，更多的是理论象征性的，因此，不应用纯数学的严谨去要求它。

从动力源泉来说，促进要素生产率提高的因素可归结为内在因素和外在因素两大类。现代经济增长理论所分析的知识进展并由此带来的技术进步可看作是主要的内在因素，而资源配置的优化和规模节约可看作是主要的外在因素。金融对生产率的贡献也可以从这两方面去寻找。

1. 金融通过促进技术进步在生产率提高方面对经济增长所作的贡献。技术进步是生产率提高的最主要内动力，技术进步的源头是发明和创新，而生产率的提高在于发明和创新成果的大面积推广和普及。很显然，金融不但在源头上为发明和创新提供资金支持，而且更重要的是金融的支持使科技成果迅速传播和普及并现实地转化为生产力。那么，用什么指标来衡量金融的这一贡献大小呢？我们可以借用第2章分析的经济金融化程度的提高比重来进行。因为金融化程度越高，科技成果的大面积推广和普及速度就越快，中间遇到的阻力越小。另一方面，金融化程度的提高，还为科技成果在国际间的传播开辟了道路。在战后的 50 年间,世界经济的年增长率大约为 3.5%,远高于战前 50 年和有资料统计以来的平均水平。在这个 3.5% 的年均增长率中,因生产率提高而引致的比重不断扩大,其中,金融化程度的提高所带来的国际资本快速流动以及国际贸易的快速发展起到了重要推动作用。根据书末插表 1 计算可知,在 1965—1993 年的 28 年间,经济的金融化程度在引证的 15 个国家平均每年增长 3.2%,这与世界范围内生产率提高的过程和趋势完全一致。由此不难得出结论,金融化程度的提高是促使科技成果转化为生产力从而促使生产率提高的一支重要力量。因此,我们可以用金融化程度的提高比率来近似地估量金融通过促进技术进步在生产率方面对经济增长的贡献。按照上述分析,在世界经济年均增长 3.5% 中,金融通过促使技术进步贡献了 0.032 个百分点。

2. 金融通过促进资源再配置和规模节约在生产率提高方面对经济增长的贡献。资源再配置和规模节约是推动生产率提高的重要外部因素。按照丹尼森的分析,在 1929—1969 年的 40 年间,这两个因素对经济增长的贡献比率达到 19.5%。资源的优化配置和规模节约都需要在有效的市场中去实现。这不但需要有效的商品市场和劳动力市场,而且还需要发达完善的金融市场。金融市场的发展便利了资本集中、转移和重组,也改变着生产、经营部门的融资比重。社会资源的优化配置和规模节约便是在众多生产、经营部门的融资比重变化中实现的。所谓融资比重是指在投资主体的投融资总额中自身积累和外部融资各自所占比重的大小。金融的发展促进了资本的社会化,同时也降低了企业外部融资的成本。企业外部融资比重的提高又使资源的优化配置和规模节约变为现实。因此,企业外部融资比重的变化率从某种意义上可用来反映金融通过促进资源再配置和规模节约在生产率方面对经济增长的贡献。

根据世界银行对14个发展中国家的统计,在70—80年代,企业部门的自筹资金率平均为55%,[①]也就是说,企业部门投融资的45%是通过外部融资实现的。内部融资与外部融资的比率为1∶0.82。经济发展史证明,随着金融的发展,企业外部融资的比重呈上升的趋势。

企业的外部融资有两条途径:一是向金融机构借款,即间接融资;二是在金融市场上发行产权证券(股票)和融资证券(企业债券),即直接融资。实证分析表明,这两个方面的融资都是不断上升的。例如,美国金融机构对私营企业的债权1965年为7 133亿美元,与当年国内生产总值的比值为1.015;到1993年,对私营企业的债权达到108 435亿美元,与当年国内生产总值的比值升至1.709。[②]在这28年间,国内生产总值年均增长8.17%(以当年价格计算),而对私债权的年均增长率为10.2%。1965年,美国货币市场上的金融工具总值为660亿美元,1993年达21 034亿美元,年均增长13.2%。[③]美国1900年股票和企业债券总额为191亿美元,1963年为8 210亿美元,1993年则高达数万亿美元。

衡量企业外部融资比重的增长可以用平均未偿贷款占国内生产总值的比重变化率来进行。表3-5是16个国家1965—1993年未偿贷款占GDP的比重变化表。

表中可以看出,1965年,16个样本国家未偿贷款与GDP的比值为0.3965;到1993年,该项比值升为0.6750,28年间增长了0.2785个百分点,平均每年增长接近1%。如果我们用1%代表企业外部融资比重的年增长率,并以此衡量金融通过促进资源再配置和规模节约在生产率方面对经济增长的贡献程度,那么,在世界经济年均3.5%的增长中,金融在这点上贡献了约0.035个百分点,占总增长率的1%。

---

① 世界银行:《世界发展报告》(1989),第29页。
② IMF, *International Financial Statistics Yearbook*, 1994.
③ 同上。

把金融通过促进技术进步和资源再配置及规模节约在生产率提高方面对经济增长的贡献合并计算,其贡献程度为年均0.067个百分点,占总经济增长率的1.92%。

表3-5　16个国家1965—1993年平均未偿贷款占GDP的百分比

国别	1965	1980	1993	年均增长
美国	60.4（1970）	58.7	66.6（1990）	0.31
日本	106.7	134.1	188.8	2.93
德国	46.1	60.7	66.1	0.71
英国	48.4	46.0	65.0（1988）	0.72
法国	53.7	69.7	76.2（1989）	0.94
5国平均	63.06	73.84	92.54	1.05
韩国	11.1	31.7	62.7	1.84
泰国	23.6	37.3	77.3	1.92
新加坡	58.4	74.4	119.3	2.17
南非	58.8	50.9	56.2	−0.09
阿尔及利亚	32.1	58.5	82.2（1990）	2.00
5国平均	36.8	50.56	79.54	1.53
印度	23.7	36.2	44.1	0.73
印尼	7.8（1970）	13.2	48.2	1.76
巴基斯坦	40.7	38.7	41.9	0.04
尼日利亚	10.7	23.8	20.2（1991）	0.35
埃塞俄比亚	12.5	25.3	65.2（1992）	1.95
5国平均	19.08	27.44	43.92	0.89
中国		33.5	79.7	3.55
16国平均	39.65	49.54	67.50	0.995

资料来源:根据世界银行:《世界发展报告》(1995)附表12计算。

3.2.3　金融对经济总量增加的直接贡献

1.国民财富与经济总量。在经济社会中,国民财富的多少是反映一个国家和人民富裕程度的基本指标之一。美国著名经济学家和统计学家雷蒙德·W.戈德史密斯在建立金融发展理论体系的时候,把国民财富作为社会的基础结构来看待,他认为,现代经济社会是由金融工具构成的上层结构和由国民财富构成的基础结构并存的体系。[①] 但国民财富在经济学上还没有一个普遍通用的定义。在经济学家各自使用这个概念时,包含的内容也不是一致的。戈德史密斯把国民财富看作为由两部分组成,即自然界的赐予(如处女地、荒林、矿藏、水源等)和人工施于自然资源的劳动产物。[②] 更多的人则把国民财富看作为人类创造的实物资产,不把自然资源包括在内。以实物资产为内容的国民财富在任何社会中都是最主要的经济指标。创造国民财富的基本部门是农业和工业。农业包括种植业、渔业、林业、牧业等等;工业包括各类制造业、建筑业等等。这两大部门按照产业的顺序被称为第一、第二产业。按照这种定义,商业、运输业、邮电、交通、通信、金融、保险、医疗、饮食等部门都不创造国民财富。马克思对社会生产的分析也是建立在这种基础上。由此,苏联、中国等社会主义国家一直用工农业总产值来代表经济总量。即使在社会总产值的统计中,也只是扩大到商业、运输和建筑业,而在理论上把商业部门和运输部门创造的产值看作是工农业产值的分割。

随着人类社会的发展和进步,人们发现,用对应国民财富的各类产品量(商品量)来反映经济总量有明显的不完善之处,劳务和服务在现代经济社会中越来越占有重要的位置,于是劳务产值、服务产值的概念被提了出来。在现代经济学家和统计学家的分析中,劳务产值和服务产值与实物产品价值被放在了同等重要的地位,在各国的统计中,也把它们全部包括在内。产品产值、劳务产值、服务产值三者之和被称之为国民生产总值(GNP)。由于国际间交往的不平衡,在提出国民生产总

[①] 雷蒙德·W.戈德史密斯:《金融结构与发展》,第1页。
[②] 同上。

值概念的同时,国内生产总值GDP概念也同时被使用。二者在概念的涵盖内容上是完全相同的,不同的只是在于是否计算国际之间交往的差额。很显然,劳务和服务的水平、质量不但与经济生活密切相关,而且还是反映社会现代化程度和文明程度的重要标准。因此,在现代经济社会中,国民生产总值或国内生产总值作为最主要的经济总量指标取代国民财富指标是更加科学和合理的。

2. 国民生产总值的构成。第2章第3节我们在分析产业形成时,按照先后顺序把国民经济分为农业、工业和服务业三大产业。这三大产业部门的产值构成国民生产总值。不管是理论分析、主观想象,还是统计验证,在国民生产总值中,这三大产业的比重都是在不断变化的,并且最主要的变化趋势是第三产业的快速发展使第一、二产业比重相对降低和第三产业比重相对上升。表3-6是世界银行1989、1991、1995年年报统计的1965—1993年三大产业的各自增长率。

可以看出,在1965—1973年间,全世界范围内农业、工业和服务业的年均产值增长率之比为2.5∶4.8∶4.9。其中低收入国家为3.0∶10.6∶5.9;中等收入国家为3.3∶8.0∶7.5;高收入国家为1.4∶3.9∶4.5。这一时期低收入国家和中等收入国家第二产业产值的增长率最高,说明中低收入国家处于工业化的重要阶段。高收入国家第三产业产值的增长率高于第一、二产业增长率,说明发达国家已完成了工业化过程,正在向后工业社会发展。由于发达国家在全世界产值中占据绝大部份份额,这一时期全世界范围内的第三产业产值增长率(4.9%)略高于第二产业的产值增长率(4.8%)。在1973—1980年间,全世界范围内农业、工业和服务业的年均产值增长率之比为1.8∶2.8∶3.9,第三产业产值增长率超过第二产业产值增长率1.1个百分点,快39%。其中,低收入国家为2.1∶6.9∶4.9;中等收入国家为3.3∶4.0∶6.9;高收入国家为0.5∶2.2∶3.4。这一时期的突出特点是中等收入国家第三产业产值的增长率(6.9%)已超过第二

表 3-6 1965—1993 年的部门增长率（%）

国家组别	农业 1965—1973	农业 1973—1980	农业 1980—1993	工业 1965—1973	工业 1973—1980	工业 1980—1993	服务业 1965—1973	服务业 1973—1980	服务业 1980—1993
低收入和中等收入国家	3.1	2.6	2.2	8.8	4.9	3.0	7.1	6.4	3.4
低收入国家	3.0	2.1	3.4	10.6	6.9	7.6	5.9	4.9	6.3
中等收入国家	3.3	3.3	1.6	8.0	4.0	2.0	7.5	6.9	2.8
撒哈拉以南非洲	2.4	0.3	1.7	13.5	4.7	0.9	4.1	3.6	2.2
东亚	3.2	3.0	4.0	12.7	9.3	10.0	9.2	6.4	8.2
南亚	3.4	2.4	3.1	3.7	5.4	6.3	3.9	5.7	6.3
拉丁美洲和加勒比地区	2.9	3.7	2.1	6.9	4.8	1.4	7.1	6.3	2.4
17个高负债国	3.0	2.2	1.6	8.0	5.2	0.6	7.2	6.2	2.5
高收入国家	1.4	0.5	1.5	3.9	2.2	2.1	4.5	3.4	3.1
所有报告的国家和地区（全世界）	2.5	1.8	2.6	4.8	2.8	2.4	4.9	3.9	3.2*

* 为 1980—1989 年的平均值。

资料来源：世界银行：《世界发展报告》（1989、1991、1995 年）。

产业产值的增长率（4.0%），标志着中等收入国家已基本完成工业化进程，开始进入现代化国家的行列，而发达国家仍然保持着第三产业的快速增长，超过第二产业发展速度的55%。这一时期低收入国家的工业发展速度稍有放慢，第三产业发展速度继续保持，说明这些国家工业化程度已有了很大提高。80年代以来，全世界范围内三大产业的增长率分别为2.6：2.4：3.2。其中高收入国家的发展趋势未变，仍是第三产业的发展速度领先（1.5：2.1：3.1），快于第二产业1个百分点。中等收入国家的第三产业增长快于第二产业增长0.8个百分点（1.6：2.0：2.8），但总的速度有些放慢。低收入国家的三大产业发展在原趋势下仍保持较高的速度。

第三产业的高速度发展，使国内生产总值的构成比重发生了很大变化。表3-7是世界银行统计的1965—1993年间的产值结构。

表3-7 1965—1993年期间若干年份产值结构（占GDP的百分比）

	1965 农业	1965 工业	1965 服务业	1970 农业	1970 工业	1970 服务业	1980 农业	1980 工业	1980 服务业	1985 农业	1985 工业	1985 服务业	1993 农业	1993 工业	1993 服务业
低收入国家	41	26	33	38	29	33	32	36	32	31	33	36	28	34	38
中等收入国家*	19	32	49	16	36	48	11	38	50	12	37	51	12	36	52
撒哈拉以南非洲	40	18	42	35	23	42	28	32	40	33	26	41	20	33	47
东亚	37	34	29	34	34	32	26	44	30	23	42	35	18	41	41
南亚	42	19	39	44	21	35	35	22	43	30	24	46	30	26	44
拉丁美洲和加勒比地区*	15	32	53	13	34	53	9	36	54	10	35	55	10	36	54
高收入国家**	5	40	55	4	39	57	3	37	60	3	35	62	3	33	64
全世界**	10	38	52	8	38	54	7	37	56	6	35	59	5	34	62

资料来源：根据世界银行：《世界发展报告》（1995）整理。

* 最后一栏为1990年数据；

** 最后一栏为估计数。

可以看出，在1965—1993年间，第三产业产值比重在所有国家都有了迅猛增长，低收入国家从1965年的33%上升到1993年的38%，年均上升0.2个百分点；中等收入国家共上升了3个百分点，其中东亚上升最快，从1965年的29%上升到1993年的41%，平均每年上升0.4个百分点。全世界平均上升了10个百分点，平均每年上升0.35个百分点。

3. 包含金融业在内的服务业产值。在目前各国的统计中，服务业产值是指国民总产值中除去农业和工业产值之外的所有行业创造的产值之和。前面曾经分析过，随着经济的发展和社会的进步，服务业在整个国民经济中的地位迅速上升。发达国家服务业产值在国民生产总值中的比重70年代初已达到57%，80年代超过了60%。发展中国家服务业产值比重平均已接近40%。

表3-8是世界银行1995年年报统计的各国第三产业产值占国内生产总值（GDP）的比重变化情况。

表3-8　1965—1993年不同收入国家第三产业产值与GDP的比重及变化表（%）

	1965	1970	1987	1993	1993年比1965年比重增长	平均每年增长
低收入国家	30	33	32	38	8	0.286
其中：中国	23	28	20	33	10	0.357
印度	31	33	40	41	10	0.357
印度尼西亚	31	36	41	42	11	0.393
中等收入国家						
其中：泰国	45	49	49	51	6	0.214
巴西	48	49	51	52	4	0.143
墨西哥	59	50	57	63	4	0.143
韩国	37	45	46	50	13	0.464
高收入国家和地区	55	58	61	64	9	0.321
其中：英国	51	55	60	65	14	0.501
法国	54	55	66	69	15	0.536

续表

	1965	1970	1987	1993	1993年比1965年比重增长	平均每年增长
加拿大	53	59	62	68	9	0.321
美国	59	63	62	68	9	0.321
日本	48	47	57	57	9	0.321
全世界*	52	55	58	62	10	0.357

* 1993年为估计数。

资料来源：世界银行：《世界发展报告》(1993)。

可以看出，在1965—1993年间，全世界范围内第三产业产值占GDP的比重从52%上升到62%，平均每年上升0.357个百分点，发达国家与发展中国家的增长趋势基本相同。但从横向比较，第三产业在国内生产总值中的比重差距还比较大，到1993年，发达国家的这一比重已超过60%，而低收入国家仅达到38%。这标志着发展中国家在今后的经济增长中，第三产业产值的增长将会更快。

服务业产值在国民生产总值中的比重高低从一个方面反映了这个国家的发达程度，而服务业产值比重提高的过程也反映了不发达国家向发达国家发展的进程。从全球最大服务公司排名来看，服务公司的领军者主要集中在发达国家；最大服务公司的分布，也基本反映了这些国家的发达程度和经济实力。据美国《财富》杂志一年一度的全球500家最大服务公司评选结果，[1]1993年全球500家最大服务公司的国家分布是：日本140家，雄踞各国之首；美国136家，位居第二；以下依次是英国43家，德国43家，法国29家，加拿大17家，意大利15家，西班牙14家，瑞士12家，荷兰9家，澳大利亚7家，比利时6家，瑞典5家，

---

[1] 500家大服务公司中包括100家多元化服务公司、100家商业银行、50家多元化金融公司、50家储蓄机构、50家人寿保险公司、50家零售商、50家运输公司和50家公用事业公司。

南非 4 家,韩国 3 家,荷属安的列斯群岛 2 家,中国 6 家(含香港 2 家、台湾 2 家),巴西 2 家,新加坡 1 家,葡萄牙 1 家,挪威 1 家,墨西哥 1 家,芬兰 1 家,丹麦 1 家,奥地利 1 家。[①] 可见,500 家大服务公司主要分布在发达国家和地区。

服务业主要包括商业、运输邮电通讯业、金融保险业、房地产业及公用事业等。其中金融保险业在发达国家的服务业产值中大约占 30%。

表 3-9 70 年代美、日、英、法服务业产值占 GDP 的比重(%)

年份	美国 商业	美国 运输邮电通讯	美国 金融保险、房地产、公用事业等	日本 商业	日本 运输邮电通讯	日本 金融保险、房地产、公用事业等	英国 商业	英国 运输邮电通讯	英国 金融保险、房地产、公用事业等	法国 商业	法国 运输邮电通讯	法国 金融保险、房地产、公用事业等
1970	17.5	6.3	38.5	16.8	7.4	22.9	8.9	7.4	43.6	10.6	5.0	30.8
1975	18.0	6.3	39.7	16.1	6.1	31.8	9.0.	7.9	44.6	13.2	5.2	39.0
1976	18.0	6.4	39.3	15.7	6.3	32.2	9.2	8.0	45.0	12.5	5.3	40.0
1977	17.6	6.4	39.3	14.0	7.1	32.5	9.2	7.4	45.0	12.7	5.3	40.2
1978	17.6	6.5	38.9	13.3	7.0	33.3	9.2	7.3	44.6	12.2	5.3	41.0
1979	17.0	6.4	39.0	12.9	6.9	34.2	9.1	7.1	45.7	11.9	5.5	41.5
70 年代平均	17.6	6.4	39.1	14.8	6.8	31.2	9.1	7.5	44.8	12.2	5.3	38.8

资料来源:《国际经济金融统计手册》,中国财经出版社 1984 年版。

从表 3-9 中可以看出,在 70 年代,美、日、英、法等国在第三产

---

① 转引自《经济日报》,1994 年 8 月 17 日。

业产值迅速增长的同时,金融保险业的产值增长又快于第三产业中的其他行业。目前,这种趋势仍然保持着。从美国《财富》杂志公布的1993年全球500家最大服务公司的情况看,在1993年中,商业银行、储蓄机构、保险公司和多元化金融公司获利丰厚,其中美国花旗银行的收入提高了207%,达到创纪录的22亿美元,中国银行表现更为突出,获利21亿美元,仅次于英国汇丰银行股份公司和美国花旗银行,居世界第3位,其资产额也已达到3 347.5亿美元,居世界各大商业银行第10位(1992年居第17位)。在前30名大商业银行中,仅有排名第9位的法国里昂信贷银行出现亏损,其他全部盈利。这在世界经济发展处于较低增长水平的情况下,更显出金融业的兴旺局面。表3-10是美国《财富》杂志公布的1993年最大商业银行排名表(前30名)。

1981年世界最大30家商业银行,其资产总额为21 966.34亿美元。[①]12年之后的1993年,30家最大银行的资产总额已超过10万亿美元,达到100 930.789亿美元,增长了3.6倍,平均每年增长大约13.6%,这一方面反映了银行集中的加剧,另一方面反映了银行业务的快速发展。而同期全世界国民生产总值大约年增长率为3.5%,服务业总产值年均增长率为4.1%。

由于金融业的快速发展,金融产值占国民生产总值的比重也在不断增加。在60年代,这个比值大约占10%左右,到90年代初,发达国家的金融业产值占国民生产总值的比重已达到15%—20%。这个比值大约每年增长0.3个百分点。与同期国民生产总值平均增长3.5%比较,说明金融产值增长对国民生产增长率的贡献系数大约为0.086。

---

① 1982年英国《银行家》杂志月刊,转引自《国际经济金融统计手册》第258、260页。

表 3-10　世界商业银行排名表　　　　　　单位：百万美元

排名 1993	排名 1992	名称	国家	资产	存款	贷款	利润
1	2	富士银行	日本	538 243.2	381 655.7	332 580.7	305.3
2	1	第一劝业银业	日本	535 356.5	435 460.6	352 046.2	107.9
3	3	住友银行	日本	531 835.3	435 419.8	346 544.0	329.7
4	4	三和银行	日本	525 126.8	435 256.7	348 053.1	423.3
5	5	樱花银行	日本	523 730.6	436 639.6	359 071.5	211.8
6	6	三菱银行	日本	487 547.2	399 404.6	315 966.7	440.4
7	7	农村中央银行	日本	435 599.1	311 082.6	180 398.6	439.5
8	8	日本工业银行	日本	414 925.5	330 974.2	243 677.4	202.9
9	9	里昂信贷银行	法国	337 503.0	143 237.5	163 823.1	-1 124.2
10	17	中国银行	中国	334 752.7	147 044.4	121 724.1	2 133.5
11	12	三菱信托银行	日本	330 478.7	297 572.0	140 070.6	137.5
12	13	东海银行	日本	328 685.4	253 874.7	198 096.7	314.1
13	10	德意志银行	德国	319 997.7	283 085.4	247 576.3	1 311.0
14	14	日本长期信用银行	日本	315 026.1	259 770.8	199 835.1	315.4
15	16	住友信托银行	日本	305 347.4	177 509.4	133 347.2	132.4
16	19	汇丰银行股份公司	英国	304 521.3	231 226.4	248 519.5	2 712.1
17	18	三井信托银行	日本	296 910.5	269 561.4	118 269.1	101.4
18	11	农业信贷银行	法国	281 787.3	208 481.2	171 143.8	972.4
19	23	朝日银行	日本	277 688.1	235 635.9	202 080.2	190.2
20	21	东京银行	日本	273 884.3	205 521.9	139 023.8	469.2
21	24	大和银行	日本	262 567.4	227 258.8	118 098.3	120.9
22	20	兴业银行	法国	259 128.7	212 760.8	173 512.1	637.3
23	22	阿姆斯特丹-鹿特丹银行	荷兰	252 167.7	133 229.3	137 738.8	1 089.5
24	15	巴黎国民银行	法国	249 110.3	198 559.4	192 720.7	179.8
25	25	巴克莱银行	英国	245 283.7	206 250.0	201 948.9	470.0
26	28	安田信托银行	日本	235 527.6	215 418.8	97 715.8	90.0

续表

排名 1993	排名 1992	名称	国家	资产	存款	贷款	利润
27	30	巴黎巴金融银行	法国	229 025.0	126 731.5	93 726.6	255.8
28	26	威斯敏斯特国民银行	英国	225 859.9	186 866.1	181 783.4	926.6
29	29	德累斯顿银行	德国	218 887.9	198 241.5	153 724.6	620.5
30	27	花旗银行	美国	216 574.0	145 089.0	134 588.0	2 219.0

3.2.4 金融在经济增长率中的总体贡献度

综合上述分析，金融对经济增长率的贡献从三个方面体现出来，即对要素投入量提高的贡献、对要素生产率提高的贡献和通过自身产值对经济的直接贡献。我们用 q' 代表金融通过促进要素投入量的增长而对经济增长率的贡献，用 w' 代表金融通过促进要素生产率的提高而对经济增长率的贡献，用 p' 代表金融产值增长对经济增长率的贡献，用 T 代表金融对经济增长率的总体贡献，则 $T=q'+w'+p'$。

前面的分析，我们得出了 q'、w'、p' 的值分别为 0.099、0.013 和 0.086，代入上式为：

$$T = 0.091 + 0.019 + 0.086 = 0.196$$

$T=0.196$ 说明金融通过间接和直接的作用在经济总增长率中占到了 19.6%。也即经济增长率中，金融的贡献达到 1/5。

3.3 小结

在现代经济中，促进经济发展的经济因素除土地、资本、劳动这三大基本要素外，一些新的因素对经济发展的贡献也在增长。西方现代经济增长理论认为,技术进步、资源配置方式、规模节约和知识积累等新经济因素促进了全要素生产率的提高,在全世界总的经济增长率中,这些新因素导致生产率提高的贡献大约占到一半。金融在经济发展的历程中一直是一支重要的推动力量,并且随着经济的发展其作用力越来越强。在现代经济中,金融对经济的贡献通过三个方面体现出来:(1)促进了要素投入量的提高。金融发展使可能储蓄转化为实际储蓄,从而在一定时期内提高了储蓄率;同时金融还促使储蓄最大限度地转化为投资。而且,金融还使就业比重提高。金融对资本和劳动投入的增长使其在经济总增长率中的贡献达到9.1%。(2)促进了劳动生产率的提高。金融发展促进了资金的合理流动和资源配置的最优化,这方面的贡献大约占到总增长率的1.9%。(3)金融业产值增长对经济发展的直接贡献。随着经济发展,金融业产值在GNP中的比重在不断上升,目前在发达国家,该项比重已占到GNP的15%—20%。金融业产值的快速增长使其在经济总增长中的贡献达到8.6%。金融通过上述三个方面的作用使其在总经济增长中的贡献达到五分之一。

第 4 章　金融效率——现代经济发展的关键

第 2 章的分析表明，金融与现代经济已完全融合为一体，第 3 章的研究又证明金融对现代经济发展的直接和间接贡献已达到全部经济发展的大约五分之一。很明显，要保证现代经济的顺畅运行和稳定高速发展，金融效率便成为一个关键的因素。

4.1　金融效率的涵义

在经济学著作和统计中，金融效率一词还没有得到普遍使用，更没有明确的内涵。即使在金融以外的领域，效率一词的使用频率也远没有效益一词为高，而且使用时多把二者混在一起。虽然效益与效率反映的内容有相通的一面且成正向相关，但从严格意义上讲，这两个概念所包含的重点是有区别的。效益更多地是反映活动效果，强调的是数量方面。效率更多地的反映活动的能力和质量，强调的是作用程度。在英文中，效益用的是 Effect、Effectiveness，指的是经营效果（Beneficial Result），通过投入与产出之间的比较来体现，实质上反映的是活动主体的利益（Benefit）大小。效率用的是 Efficiency 或 Efficiency Ratio，指的是作用力、作用程度或效能（Efficiency Factor，Performance Factor）。有效益的活动不一定有效率。很笨拙的劳动往往也会带来一定的效益，但却通常可能没有效率；通过垄断获得高效益，并不一定证明效率是高的。但有效率的活动必定会来较高的效益,尽管这个效益不一定能够明显地表现出来。可见,效益与效率虽然同方向地反映着各种活动的状况,但其差别还是存在的,有时还会相当大。在许多经济部门,效益分析和效率分析可能结果完全一样,而在一些特殊部门,效率分析就远比效益分析更为重要。金融是货币和信用融合为一体而进行的各类经济活动的总称,因此分析金融活动就不能仅仅局限在金融部门内部,还必须结合整个国民经济的状况来进行。基于此,我们使用金融效率这一概念而不用金融效益。

金融效率是指金融运作能力的大小。在高度集中的计划经济体制下,金融和经济运行完全按照计划指令来进行,金融效率也完全融合在整个经济的发展效率之中。在现代市场经济条件下,金融效率则相对独立地体现出来,并在相当大的程度上决定着经济发展的效率。由于金融的特殊性,对金融效率的分析很难在一个统一的层面上进行,而应分层次考察。第一层次便是金融作为一种产业、金融机构作为这一产业主体在经营发展中的效率;第二层次是金融作为经济发展中的一个重要因素而在市场运作中的效率,也即金融市场效率;第三层次是通过金融机构经营发展效率和金融市场效率所反映出来的综合效率;第四层次则是国家对金融的调节控制效率。相对而言,第一层次更多地代表着金融的微观效率;第二层次更多地体现微观效率和宏观效率的结合;第三层次基本上反映了金融的宏观效率;第四层次意味着国家对金融的管理能力。在四个层次的效率分析中,金融机构的经营效率是唯一可以用效益分析来代表的,其他方面的效率分析则完全不能用效益分析来代替。

4.2 金融机构效率

金融机构效率是把金融业作为具有独立投入产出行为,把货币和资金作为特殊商品,把金融机构作为金融产业主体来考察的。按照产业的标准衡量,金融机构效率可分为两大类,即经营效率和发展效率。

4.2.1 金融机构的经营效率

与分析所有经营主体的经营效率一样,金融机构的经营效率主要通过其业务能力和盈利能力反映出来,但由于金融业的特殊性,在分析内容上,却具有明显的不同。

金融机构的业务能力主要体现在所提供的金融商品和金融服务对社会需求的满足程度、资金的清算速度、资产的增长率等方面。

金融商品和金融服务对社会需求的满足程度是衡量金融机构业务能力的主要指标之一。在金融效率较高的国家,金融机构一般都能够满足社会对金融商品和金融服务的需求,并且,金融机构还通过自己的业务创新和服务质量的提高吸引社会对金融商品和金融服务需求的增长。在金融业发展的初期阶段,金融机构所提供的金融商品和金融服务在数量、种类、范围等方面都很狭小,金融机构本身的数量和种类也很少;随着金融业的发展和社会需求的增长,在现代,金融机构的设立已相当普遍,在银行体系迅速发展的同时,各类非银行金融机构也蓬勃发展起来,在发达国家,平均每二千到五千人就有一个金融机构为其服务。现代金融机构除了提供传统的金融商品和金融服务外,还使一些新的金融商品不断被创造出来。金融机构不但能够及时满足存款、贷款、支付、结算等资金融通需求,而且可以代为投资。仅从金融服务的范围来看,在传统的货币存取、货币兑换、结算服务基础上,目前已向全方位扩展,信息服务、咨询服务、代理服务等已成为重要内容。金融机构业务的扩展和金融商品、服务种类的增加反映了金融机构的业务能力在迅速增长,也意味着金融效率在不断提高。但在欠发达国家,金融机构所能够提供的金融商品和金融服务还是有限的,与发达国家的差距还相当大。

银行清算是金融机构的一项传统业务,也是最基本的业务之一。即使在金融业已高度发达的今天,银行清算仍处于核心的地位,可以说,所有的金融商品和金融服务都建立在金融机构的清算业务基础上。因此,清算速度的快慢是衡量金融机构业务能力的重要综合指标之一,也是影响整个国民经济效率的关键因素之一。随着现代科技的发展和电子计算机网络的联通,清算在发达国家已缩至很短的时间,一般在一两天内即可完成。而在欠发达国家,清算时间往往在一周左右,甚至更长。银行清算速度的快慢,直接与清算方式有关。在欠发达国家,大量的清算是通过现金和支票进行的,而在发达国家,电子计算机转账已占到了绝大多数。表4-1是美国1983年清算方式的比重表。

表4-1 1983年美国清算方式比重表

付款方式	总笔数（亿）	%	总金额（亿美元）	%	年增长率（%）	平均每笔金额（美元）
现金	约1 120	73.46	约28 000	1.54	9	25
支票	约400	26.24	约360 000	19.85	6	910
自动交换所	4	0.26	约7 000	0.39	27	1 800
电子转账	0.57	0.04	约1 420 000	78.24	11	25 000 000
合计	1 524.57	100	约1 815 000	100		

资料来源:美国纽约大学研究院与所罗门兄弟金融机构研究中心合著:《美国的付款制度、成本、收费、竞争及风险》,第6页,转引自《外国银行制度与业务》,第184页。

可以看出,在1983年,美国的电子转账已占到清算资金总额的78.24%。现金清算的笔数虽然很庞大(主要是日常交易),但清算金额只占1.54%,支票转账也已下降到不足20%。由于科技的发展和计算机的普及,计算机的使用费用已经很低,在美国,计算机每计算10万次的费用1958年就已低至0.26美元,1964年为0.12美元,1972年为

第4章 金融效率——现代经济发展的关键

2美分,1979年只有1美分。[①]

金融机构资产的增长速度和金融机构资产占全部金融资产的比重也是反映金融机构业务能力的重要指标。就世界最大的30家商业银行的资产增长情况看,在1981—1993年的12年间,资产总额从21 966亿美元增长到100 931亿美元,年均增长率为13.6%,同期世界GNP的年均增长率为3.1%[②]。

金融机构的盈利能力建立在其业务能力的基础上。衡量金融机构盈利能力的指标主要有两项,即资产盈利率和资本盈利率。

资产盈利率是指经营利润与总资产之比率,它反映金融机构运用资产的获利能力,即每一单位资产可获多少净利。金融机构的盈利是全部收入减全部支出再减各项税收后的纯利润,由于税收是国家法律规定的,所以盈利的增加一方面要靠扩展业务使收入增加,一方面要靠支出的减少。金融机构的收入来自于各项放款和投资的利息收入、各项服务性收入、交易收入(包括外汇、黄金、证券交易等)和附属企业的收入。随着金融机构业务能力的扩展,在收入总额中,服务性收入和交易性收入比重呈上升的趋势。金融机构的支出包括客户存款和借入款的利息支出、坏账损失、职工薪金福利、保险费及各项管理费(如广告费、印刷费、办公用品采购费等)。在支出中,有些费用属固定开支,它随业务量的增长相对降低;有些费用则完全取决于经营管理能力,如坏账损失。在竞争的环境下,金融机构的业务虽以安全性为前提,但却不可能做到完全无风险,否则许多业务便无法开展。但坏账损失的程度则完全取决于经营管理能力。西方国家商业银行的账面坏账损失率

[①] 刘锐、阎晓田、赵连杰:《东西方的金融改革与创新》,中国金融出版社1989年版,第56页。

[②] 1981年的数字取自1982年英国《银行家》杂志,转引自《国际经济金融统计手册》,第258、260页;1993年的数字取自美国《财富》杂志,转引自《经济日报》,1994年8月17日。

大约占生息资产的 1%—2%，即使把不公开的坏账损失考虑在内，一般也不超过 5%，而在许多发展中国家，坏账损失率有时在 10% 以上，除了体制等方面的原因之外，经营管理水平也起着重要的作用。因此，资产盈利率的增长在收入和支出两方面都同时依赖于业务的扩展、资产的有效运用和经营管理水平的提高，而业务的扩展、资产的有效运用和经营管理水平的提高意味着金融效率的增长。

资本盈利率是指经营利润与自有资本之比率，它反映金融机构运用自有资本的能力，同时也意味着金融机构所有者的产权增值能力。金融机构的自有资本包括股东的实缴资本额以及资本盈余、未分配盈余和准备金。实缴资本是法定资本中的已缴部分。资本盈余是指在股票市价高于面值时金融机构出售股票（包括原始发行不足部分和增资新发行部分）以及在原始发行中采取溢价发行扣减发行费用后的部分得到的溢价。由于资本金账户是按核定的金额记账的，所以超过的部分不登记在资本金账户而形成资本盈余（单列资本盈余账户）。未分配盈余是股利分红后的剩余部分。银行创办时的开办费和当年发生亏损部分可列入这个账户中支付，其余额仍属于股东，它包括在股东产权之内。准备金是指法定公积金和自愿准备金，法定公积金是按管理部门的规定提取的，超过法定部分为自愿准备金。有专门用途的准备金如养老准备金、坏账准备金则不算在股东产权之中。由于资本金的构成有许多细目，所以在计算资本盈利率时就有所选取，选取的内容不同，计算出的盈利也就有所差异。一般地，资本金限定为实缴资本加各项股东权益。资本金在资产总额中的最低比例，各国管理部门都有具体规定。80 年代美国商业银行的资本金占总资产的比重大约为 6%，法国约 5%，英国约 4%，联邦德国 3%。在西方大国中，日本商业银行的资本金率最低，大约为 2%。关于资本金比率的规定，目前世界各国已出现统一的趋势，《巴塞尔协议》对国际银行资本衡量和资本标准作了统一规定,在新的规定中,要求总资本不低于风险资本的8%,其中核心资本不低于4%。新的协议是把资本与风险资产挂钩,而不是简单地与总资产挂钩。

资产盈利率与资本盈利率都反映着金融机构的经营状况和获利能力之大小,一般说来二者的升降趋势是一致的,但有时变动差别较大。如果盈利总额和资产总额既定,从而资产盈利率既定,那么资本盈利率越高,说明资本金在总资产中的比例越低,进而说明金融机构通过资本金支配社会资本的能力就越强,由此证明金融的效率也就越高。

表4-2反映了1993年世界排名前30位的大商业银行近两年的盈利情况。

表4-2 世界30家商业银行盈利情况表

	资产总额 (亿美元)	资本金总额* (亿美元)	利润 (亿美元)	资产盈利率(%)	资本盈利率(%)
1992	93 508.77	2 805.27	144.52	0.1545	5.15
1993	100 930.79	3 027.92	167.71	0.1662	5.54

* 资本金总额根据资本占资产比率推算。由于30家大银行中日本银行占17家,而日本的资本比重较低,故该项比重平均以3%计算。

资料来源:根据美国《财富》杂志公布的排名表计算,转引自《经济日报》,1993年8月23日、1994年8月17日。

可以看出,1992、1993年世界最大30家商业银行的资产盈利率分别为0.1545%和0.1662%,资本盈利率为5.15%和5.54%。

4.2.2 金融机构的发展效率

金融机构的发展效率是指金融机构作为金融产业主体在市场竞争中开创未来的能力,它主要通过金融创新的能力、资本的增长能力、设备的现代化配置及更新能力、人员素质和经营管理水平的提高能力等体现出来。

金融创新能力是指金融机构在发展中开拓新业务、提供新服务的能力。金融创新能力的大小在很大程度上决定着金融机构发展的效率。金融创新是指金融领域种种创造性的变革,有些经济学家把历史上出现的历次金融变革也视为当时的金融创新,如古罗马货币的发明、12世纪意大利最早银行的出现、17世纪新式银行的诞生、18世纪中央银行制度的最初形成、19世纪支票的广泛使用等等。在20世纪中期之后,金融创新伴随着科技的迅速发展蓬勃兴盛起来,它适应并推动着经济的发展。在开拓未来、走向21世纪的过程中,金融创新仍会是决定金融业发展的重要因素。表4-3反映了1950—1985年西方国家金融创新的主要内容。

表4-3 1950—1985年的主要金融创新

功能类别	创始年度	创始国家地区或机构
1. 新科技的应用		
银行资料处理电脑化	1950年代中期	美国
票据交换清算电脑化	1970	美国
证券市场交易电脑化	1971	美国
国际金融资料信息电子传送	1973	国际金融机构
电子出纳机	1975	美国
售货场所终端机	1970年代末期	美国
全球性电子财务管理服务	1970年代末期	美国
多用途电子卡	1980	美国
家庭银行或顾客私用终端机	1982	美国
2. 外币存放市场		
欧洲货币市场或欧洲美元市场	1958—1959	国际金融机构
亚洲美元市场	1968	国际金融机构
3. 金融产业与服务		
（1）金融工具与银行存款		
可赎回债券	1960	美国

续表

功能类别	创始年度	创始国家地区或机构
附有认股权证的债券或可调换债券	1960年代	美国
浮动人寿保险单	1960	美国
可转让存款证	1961	美国
银行重购协定	1969	美国
银行商业票据	1969	美国
流动资金承兑票据	1969	美国
混合账户	1960年代末期	联邦德国
可转让支付命令账户	1970	美国
可用支票的储蓄存款	1972	美国
货币市场互惠基金	1972	美国
外币储蓄存款	1970年代初期	国际金融机构
银行遥控服务单位	1974	美国
浮息票据	1974	美国
浮息债券	1974	美国
与物价指数挂钩的公债	1970年代中期	英国
金融期货与期权	1975	美国
掉期存款	1970年代中期	国际金融机构
货币市场存款证	1978	美国
自动转账服务	1978	美国
综合账户	1977—1980	美国
浮动优先股	1981	美国
无息债券（折扣债券）	1981	美国
本息分销公债	1984	美国
（2）支付制度		
信用卡	1957	美国
自动转账/邮政转账服务	1960年代初期或中期	英国与西欧
特别提款权	1970	国际货币基金组织
付款卡	1974	美国
电子支付系统	1970年代中期	美国

续表

功能类别	创始年度	创始国家地区或机构
银行电话付款	1981	美国
（3）融资技术		
消费者贷款/分期租购	1950年代初期	美国与英国
租赁	1952	美国
外币掉期	1950年代末期	国际金融机构
银团贷款	1960年代	国际金融机构
出口信用保险	1960年代	国际金融机构
平行贷款	1960年代	国际金融机构
长期出口贴现	1960年代中期	瑞士
出售应收账款	1960年代末期	美国
房地产抵押贷款证券化	1970	美国
浮动特惠利率	1971	美国
浮动房地产抵押利率	1975	美国
多种货币贷款	1970年代	国际金融机构
利率掉期	1980	美国
票据发行融资或周转性包销融资	1981	国际金融机构
远期利率合约	1984	美国
汽车贷款证券化	1985	美国
4.银行管理		
负债管理	1961	美国
跨国银行	1960年代	国际金融机构
权宜性资金管理	1970年代	美国
全球性资产负债管理	1970年代	国际金融机构
失衡管理	1980年代	美国
5.金融服务业的结构变化		
银行与非银行金融机构之间互相交叉与合并	1970年代	美国
金融联合体的形成	1980年代	美国

资料来源：引自饶余庆："金融创新与金融业革命的涵义和影响"，《中山大学学报》1987年第1期。

金融机构的自有资本是其开展业务的基础，资本充足比率和增长力不但反映着金融机构的整体安全程度，也预示着金融机构业务扩展的程度。特别是在资本比率趋于国际一体化管理的情况下，资本的增长能力在金融机构发展中的地位就更加重要。

设备的现代化配置能力和更新能力也是预示金融机构发展效率的重要指标。电子计算机的普遍使用，国际通讯网络的广泛开通，都意味着金融机构发展的广阔前景。毋庸置疑，设备的现代程度越高和更新能力越强，金融机构在竞争中就越处于有利的地位，现代金融业务的开展和金融创新都离不开现代科技武装起来的先进设备。手工操作很难预示金融机构在未来发展中的高效率。

如果说金融创新能力、资本增长能力和设备的现代化程度是预示金融机构发展效率的可测指标，那么，不可测指标便是金融机构从业人员的素质及经营管理水平。现代设备需要具有现代知识的高素质人才来使用，在市场竞争中获胜并发展，需要良好的经营管理水平。从业人员和管理人员的素质通过受教育程度、业务能力、责任心、实践经验综合反映出来，没有高素质的人才，金融业的发展不可能具有高效率。

4.3 金融市场效率

在现代经济运行中，金融市场与商品市场和劳动力市场被称为三大要素市场，其他市场的发展都建立在这三个要素市场的完善和有效运作之上。随着金融在现代经济中地位的突出和重要性的增强，金融市场的效率高低便成为整个经济发展的重要推动或制约因素。

研究金融市场的效率，首先必须界定金融市场所涵盖的范围。理论界一般从广义和狭义两方面来界定。广义的概念涵盖货币借贷和资金交易的全部，即把通过金融中介机构的间接融资和不通过金融中介机构的直接融资全部包括在内。狭义的概念则把通过金融中介机构的借贷活动排除在外。当然,这种界定只能是粗线条的,因为实际运作中很难把直接融资和间接融资划分清楚,并且二者大有融合为一体的趋势。但在理论分析中,对两种融资作一划分还是十分必要的。由于通过金融中介机构融资的效率在上一节中已从金融产业发展和金融机构经营方面作了考察,因此本节所谓的金融市场效率便不再包括这一内容。

在西方理论界,对金融市场理论的研究已相当深入,但研究的重心主要集中在市场本身发展的技术性分析方面,如美国经济学家马科维茨(H. M. Markowitz)50年代初提出的证券组合理论、托宾(James Tobin)1958年提出的资产选择理论、马科维茨的学生威廉·夏普(William Sharpe)60年代中期提出的资本资产定价模型等。这些技术性理论的研究都是假定存在一个有效的金融市场(主要指资本市场),因此,"效率市场"是理论研究的假定前提而不是研究的对象。对金融市场效率的论述虽散有所见,但大多是一些主观性很强的判断之类,系统研究的成果尚未多见。根据本人目前掌握的数据资料和研究条件,也很难得出令人满意的结果。特别是很难像前面研究金融产业经营发展效率和后面将要进行的金融宏观效率分析那样采用数量分析的方法来进行,这就降低了本节研究结论的说服力。尽管如此,本节还是试图通过理性思考,来探寻衡量金融市场效率的基本思路,该问题的深入研究和数量验证将留待以后去进行。

对金融市场效率的研究可以从两个角度去分析:一是金融市场自身的运作能力;二是金融市场运作对经济发展的作用能力。

4.3.1　金融市场的运作效率

金融市场的运作是其对经济作用效率的基础,衡量市场运作效率的高低,可从下述五个方面来综合考察。

1. 市场上金融商品价格对各类信息的反映灵敏程度。西方理论中的效率市场，定义为市场价格能够迅速反映所有可得的信息。反过来，对市场效率的衡量便可通过市场价格对所得信息的反映速度来判断。市场组织和设备的现代化、国际化程度和全球市场的一体化使市场效率呈现明显的提高趋势。在发达国家成熟的金融市场上，任何一个经济信号都会在市场商品价格上得到迅速反映。如西方国家1987年发生的"股票十月风暴"，直接起因则是美国当任财政部长贝克于10月15日和18日两次公开表示对原联邦德国中央银行提高重购贷款利率表示不满，并表示美元将可能进一步下跌。由于18日是星期天，第二天星期一纽约股市一开盘便全部显示出售的信号，股价一跌再跌，当天便暴跌508点，跌幅为22.6%，超过1929年10月28日在危机时股价暴跌12.8%纪录，被称为"黑色星期一"。从时间上看，股市对贝克讲话的反映真可谓"迅速灵敏"。在纽约股市下跌后的几小时内，东京股价也下跌14%，悉尼股价下跌25%，香港恒生指数暴跌420点，伦敦、法兰克福等欧洲股市也几乎同时下跌。从地域上看，国际金融市场间的信息传递和反映能力可谓"快速及时"。在股市下跌的同时，黄金价格和国债价格大幅度上升，反映出金融商品价格灵敏的替代性。1992年8月起自芬兰的欧洲金融风暴在金融市场上的反响也最为及时和强烈，在1992年8月14日德国5年来第一次宣布降低利率时，当天美国的道琼斯股票指数就猛升70点，尽管德国中央银行的贴现利率仅降低了半个百分点。1994年6月，美元汇率大幅度下跌时股票市场也与外汇市场的变化同步反映出来。1994年美联储先后6次提高利率，每一次都在当天的全球金融市场上得到反馈。虽然金融市场的每一次动荡都给经济带来沉重的影响，但从市场效率角度来看，这种灵敏的反映程度却不能不看作是市场高效率的体现。80年代初，西方有些学者曾就市场反映灵敏程度对各主要金融市场进行过排名，当时所列的顺序是纽约、伦敦、东京和法兰克福。在90年代，西方金融市场上基本实现了一体化，在价格对信息的反映程度上已很难分出伯仲。

2. 金融市场上各类商品的价格具有稳定均衡的内在机制。在高效率的金融市场上，虽然价格因对各种信息具有灵敏的反映度，以致在特殊情况下出现大起大落的现象，但这种价格的剧烈波动终会因稳定均衡的内在机制而很快趋于新均衡，或者说，在高效率的金融市场上，金融商品价格会经常处于稳定均衡状态。而在不成熟和低效率的金融市场上，金融商品价格往往经常被少数人所操纵，价格会因此而长期处于非均衡状态，市场价格的无理性因缺少市场内在稳定机制而成为常态。对金融市场商品价格稳定均衡能力的衡量可通过金融商品价格波动线得出。在高效率的金融市场上，金融商品价格波动线呈平缓的走势，除个别特定时期外，价格线的波幅是很小的。即使大的波动，持续时间也很短，向新的均衡价格回复的力量很强。而低效率的金融市场，除了交易量大起大落，甚或相当长时期有行无市之外，一般情况下的价格线也呈现较大的波幅，并且增长或下跌持续的时间都很长。金融市场价格内在稳定均衡机制的形成取决于多种因素，除了政府的管理能力之外，市场的开放程度、与银行存贷市场和商品市场的联系程度、市场收益的合理性、投资者的理性或准理性行为等是至关重要的原因。

3. 金融市场上的金融商品数量及创新能力。金融市场的运作效率，还可以通过金融商品的种类及品种多少来判断。只有少数几种金融商品可供交易，投资者选择的余地很小，市场不可能产生效率。当然，如果脱离市场条件人为推出过多的金融商品而金融监管又不能相应跟上，也可能因出现混乱而导致市场的低效率，特别是在金融市场的原始发展阶段。在通常情况下，金融市场的效率在很大程度上取决于投资者能够很容易地找到他自己投资的效率组合。所谓效率组合，是指在风险相同的情况下预期收益最高，或在预期收益相同的情况下风险最低的投资选择。在市场能够提供足以使各类投资者均可找到的自己满意的效率组合的情况下，市场的效率无疑是高的。同时，在高效率的金融市场上，众多参与者的竞争还会不断创造出可供交易的且具有吸引力的新品种，而新品种的推出又为市场的发展创造着动力。因此，金融市场上新的金融工具的创新能力亦反映着该市场金融效率的高低。

4. 金融市场剔除风险的能力。与商品市场和其他市场相比较，金融市场上的投资收益一般是较高的，这是因为金融市场存在着较大的投资风险。金融市场效率的高低对市场收益和风险的影响很大。在高效率的金融市场上，投资者通过自己的效率组合减少其"个别风险"，市场通过高效运作减少其"系统风险"，以使收益趋于较高水平上的稳定。在低效率的金融市场上，市场剔除系统风险的能力很弱，易受外来因素的冲击，投资者也因找不到或不能及时找到效率组合而缺乏抵御个别风险的能力，致使收益与风险的波动很大。对市场剔除风险能力的估价可通过投资收益曲线来衡量。高效率的金融市场，投资收益曲线较高且变动平缓；低效率的金融市场，投资收益曲线则大起大落。

5. 交易成本。金融市场上的平均交易成本也是评判市场效率高低的重要参数。平均交易成本取决于交易量、交易次数、清算时间、设备的现代化程度和市场的组织管理能力。在高效率的金融市场上，买方和卖方都有大量的参与者，成交比较容易，交易量大且稳定，加之现代化管理，致使平均交易成本较低。而在低效率的金融市场上，参加者人数较少，交易商品及数量少，难以及时成交，更难找到效率组合，加之管理能力较弱，故交易成本一般来说都较高。

对金融市场运作效率的衡量还可以从其他的方面评判，但上述五点是最基本的。一般来说，一个高效率的金融市场，在上述五个方面显示均是良好的。当然也不排除在特殊时期从不同角度对效率的评判会得出不一致的结论。另外,在不成熟市场向成熟市场的发展过程中,效率的提高往往先在某一个或某几个方面表现出来。因此,对金融市场运作效率的评价应该从多方面综合衡量。

4.3.2 金融市场对经济的作用效率

金融市场运作效率的高低对金融市场本身的发展是至关重要的。但是,发展金融市场和提高市场运作效率其落脚点应是通过金融市场的发展促进整个经济的发展。如果金融市场发展只着眼于自身而与经济发展脱节,则发展金融市场便失去了实质意义,或者其意义至少要大打折扣。因此,金融市场自身的运作效率虽然是提高经济发展效率的基础,但它对整个经济的作用效率应该说是更加重要的。

从根本上分析,金融市场对经济发展作用主要体现在便利筹资和投资、促进资本集中、加速资本转移、促进资金转换等方面。从这一角度分析,金融市场对经济的作用效率便突出反映在市场对融资需求的满足能力和融资的方便程度这两方面。

1. 市场对融资需求的满足能力。市场对融资需求的满足能力是指市场能够在多大程度上满足筹资者和投资者的融资需要。如果筹资者的需求不能在市场上得以满足,或者投资者的资金不能在市场上找到满意的出路,那么这个市场就不能说是有效率的。在高效率的金融市场上,筹资人只要出足够价格便可获得足够的资金,投资人也是如此,只要接受一定的价格便可将资金用出,除价格外没有其他约束或限制。与商品市场一样,资金需求者(筹资人)群体间的竞争不可能使融资工具的价格过高,资金供给者(投资人)群体间的竞争也不可能使融资工具的价格过低,筹资人和投资人两个群体之间和他们各自内部的竞争决定了融资价格,同时也就决定了资金的流向、流量和流速,其结果是各自在均衡价格下满足了需求,社会资金也就实现了优化配置。对市场满足融资需求能力或程度的评价很难用一个或一组数据来衡量,因为各个金融市场均无这方面的统计,但直观判断和理论分析表明,目前发达国家的金融市场对融资需求的满足程度都是很高的。一般来说,在这些国家,只要有融资需求,市场便可予以满足,并且市场的现代化条件还推动着交易品种和交易方式的创新,同时也就不断创造着新的需求。新的金融市场衍生工具的大量涌现,期货、期权交易,股票指数交易等方式的推开都证明了这一点。而在欠发达国家,金融市场对融资需求的满足程度是较低的,不但一些企业筹资经常遇到困难,而且政府债券的发行也常常受阻,国家想通过发债筹资而不能顺利发出,这显然不能说这些国家的金融市场有效率。

2. 市场融资的方便程度。市场对融资需求的满足能力是衡量金融市场效率的一个重要指标。与此相连,市场融资的方便程度也从一个方面反映了金融市场的效率。在高效率的金融市场上,筹资者和投资者不但能够及时实现自己的愿望和需求,而且实现这种愿望和需求并不需要付出过多的精力和时间,市场优良的服务使这一切都变得非常简单,甚至只要你给经纪人一个电话即可。发达金融市场现代化的设备和条件可以容纳众多的客户参与交易,公司股票、债券等融资工具的上市手续简便,只要符合上市标准,一路都是绿灯。发达的场外交易市场又为不能上市交易的金融工具提供了广阔的空间。而在欠发达国家,不但金融工具的交易费用高,而且手续复杂,且往往伴有行政的过多干预,给融资带来困难,这就降低了金融市场的效率。西方发达国家的金融市场效率达到目前这样高的程度,经历了二三百年的时间,其间也付出了一定的代价,出现过数次大的金融市场危机和几十次小的金融市场动荡。认真研究发达国家金融市场发展的过程和经验教训,总结金融市场效率提高的一般规律,对于欠发达国家来说是极其必要的。

对金融市场的经济作用效率进行分析,有一个问题还需特别予以说明，这就是能否用金融市场的融资规模和市场融资在全部融资的比重变化来衡量各国金融市场的经济效率。在最初的研究中，我曾经试图这样做。当时的思路是，市场融资效率越高的国家，进入市场的资金量就应该越大，交易规模也就越大，进而市场融资的比重就会越高。但实证研究的结果却不能证明这一假设。一个原因是，随着市场效率的提高，银行融资的效率也在提高。同时，问题的关键还在于，市场融资的比重大小与一个国家的金融体制与历史传统相关。比如德国的银行体系在历史上一直与企业有着密切的联系，银行资本与企业资本的融合程度高，银行能够满足企业大部分的资金需求，因而企业在金融市场上融资需求相对较小。日本的情况也有相似之处，银行体系的地位很高，金融的发展大部分通过银行体系的发展体现出来。因此，尽管德国和日本的市场融资效率很高，市场融资的比重与银行融资相比却相对较低。英国和美国的情况与德国和日本不同，由于在历史的发展中，英、美的金融市场一直居于重要的地位，银行体系与企业的融资关系远不如德、日那样密切和稳定，因此英、美国家的市场融资比重就比德、日要高得多，这种比重的差异显然在于金融体制而不在于市场效率。虽然市场融资的比重不能作为国家间金融市场效率的评判标准，但就一个国家来说，市场融资的规模增长和比重变化作为这个国家市场效率的历史发展比较还是有一定意义的。在体制稳定的条件下，市场效率高，民间协议借贷和不规范融资的比重就一定会较低。西方国家近几十年来的金融发展表明，随着金融效率的提高，社会融资出现两个明显的趋势：一是机构化程度在提高，即通过金融机构（包括银行体系和非银行金融机构）的融资总额比重在提高，金融机构外的融资比重在降低，在英、美更多地表现在非银行金融机构资产的迅速增长上，在德国和日本则主要表现在银行资产的迅速扩张方面。二是融资的非银行化比重在增长，这在美、英和新兴工业国家表现的比较明显。融资的非银行化趋势是指各类非银行金融机构包括投资公司、证券公司、财务公司、信托基金、保险基金会、投资基金会等机构的地位在上升,其资金融通量急剧扩大,市场占有率大大提高。正如上面提及的原因,德国和日本在这一点上表现不如美、英等国明显。

4.4 金融的宏观效率

在现代经济中,金融作为一种产业、金融市场作为经济运行的重要内容,这两个方面的效率对经济发展起着十分重要的作用。但由于金融与经济关系的特殊性,金融宏观效率高低对经济发展的影响力或作用力更大。金融的宏观效率是从总体上或宏观上考察的金融效率,它是金融机构经营发展效率和金融市场效率对整个国民经济所综合体现出来的效率。但金融的宏观效率还不能简单地理解为上述两方面效率之和,尽管此二者是宏观效率的基础。金融的宏观效率综合体现在货币量(包括通货量、货币总量和货币结构)与经济总量的关系上。对金融宏观效率的分析可通过货币量与经济总量比率、货币结构比率、货币乘数等若干方面来考察。

4.4.1 货币—经济比率

货币量与经济总量比率既是反映经济货币化程度的指标,也是从宏观上衡量货币作用效率的基本指标。所谓货币的作用效率是指在一定的经济货币化或金融化程度条件下既定经济总量对货币需求的大小。货币的作用效率越高,对货币的需求也就越小,货币量与经济总量的比率也就越低。分析货币量与经济总量的比率,可再分为三个层次考察,即通货—经济比率、货币(通货+支票账户存款)—经济比率和广义货币(货币+准货币)—经济比率。这三个层次的比率分别反映了不同货币口径下货币的作用效率。由于货币的基本形式是通货,货币的其他形式均是在通货基础上发展而来,并依存于通货而存在。因此,通货与经济总量的比率最为重要,它从根本上反映着货币的作用效率。通货与经济总量的比率越低,意味着经济的流通费用越少和结算效率越高,同时也就标志着货币对经济的作用力度越强和金融效率越高。书末插表2反映了16个国家1965—1993年间通货(C)与国内生产总值(GDP)的比率变化情况。

表中可见,在1965年,发达国家的通货与国内生产总值的比率平均为0.079,低于其他国家约1/3。到90年代初,该项比率在发达国家降至0.054,而欠发达国家则上升为0.12,比较发达国家该项比率基本没有变化,保持在0.1左右,发达国家的该项比率与较发达国家相比大约低80%,与欠发达国家相比则低1半以上。中国在改革之初的1980年,该项比率为0.077,到1993年,上升为0.187,比发达国家高出2倍,也高于欠发达国家的平均水平,只比埃塞俄比亚低一些。

表4-4是根据书末插表2反算的,它可以更加容易地看出货币作用在各国间的差异。在近30年间,用经济—通货倍数代表的货币作用力增长在发达国家要快得多,较发达国家也有明显增长,欠发达国家增长不大。1993年美国用3 275亿美元的通货实现了63 779亿美元的国内生产总值,通货与GDP之比为1:19.5,而中国实现31 380亿元人民币的国内生产总值却需要5 864.7亿元的通货量,通货与GDP之比为1:5.4,经济—通货倍数反映出两国的通货作用力相差2.6倍。

通货与国内生产总值或国民生产总值之比率虽然比较直观地反映了货币作用力的大小,但就衡量金融效率而言,该项比率还不能说是完全科学的,因为一个国家货币化和金融化程度的高低对通货需求有至关重要的影响。通货比率的变化可能是由金融效率的变化,也可能是由货币化和金融化程度的变化而引起,特别是欠发达国家在经济货币

表 4-4　16 个国家 1965—1993 年经济—通货倍数表

	1965	1970	1975	1980	1985	1990	1991	1992	1993
美国	18.89	20.21	21.36	23.19	23.04	21.67	20.66	20.23	19.47
日本	14.54	14.38	12.88	13.74	13.69	11.40	11.89	12.17	11.48
德国	15.46	18.30	18.17	16.99	17.55	15.29	15.34	13.94	13.36
英国	13.65	15.59	18.22	22.63	36.32	33.71	34.29	33.40	33.01
法国	7.44	10.44	13.72	19.50	22.71	25.12	26.22	27.02	28.57
平均	14.00	13.40	16.87	19.21	22.66	21.44	21.68	21.35	21.18
韩国	25.23	20.33	20.17	23.99	24.97	25.61	27.26	28.01	21.93
泰国	10.41	12.39	13.60	14.35	15.85	14.92			
新加坡	6.30	7.98	8.16	7.99	8.21	9.31	9.74	9.55	9.95
南非	23.56	24.31	25.97	47.72	34.66	32.02			
阿尔及利亚	5.49	4.83	4.84	3.84	3.80	3.94	5.02	5.25	5.17
平均	14.20	13.97	14.55	19.58	17.50	17.16			
印度		9.11	10.38	12.23	10.77	10.95	10.60	10.41	10.93
印度尼西亚				20.69	21.75	21.51	24.18	22.35	
巴基斯坦	6.05	5.92	9.36	7.21	8.05	6.80	7.06	7.46	7.64
尼日利亚	16.72	16.44	21.12	15.96	14.74	17.43	14.01		
埃塞俄比亚	12.83	13.81	8.02	8.26	7.00	4.03	3.41	2.87	3.52
平均				12.58	12.50	12.07	11.81		
中国				12.91	8.66	6.69	6.37	5.62	5.35

化和金融化的进程中，一般都伴随该项比率的上升。因此，用通货—经济比率衡量金融效率，必须把货币化或金融化程度考虑在内。第 2 章第 2 节我们曾分析过上述国家的货币化和金融化程度，同时还指出，在现代经济中，金融化是比货币化更加准确的概念。将通货—经济比率除以金融化比率，就可以转化为能够衡量金融效率的新比率，这个调整后的新比率我们称之为通货—经济相关比率，用 U 表示。金融化程度是用金融机构的资产总值（A_s）与国内生产总值（GDP）的比率衡量的，通货—经济比率除以金融化程度，则有

$$U = \frac{C}{\text{GDP}} \div \frac{A_s}{\text{GDP}} = \frac{C}{A_s}$$

C/A_s 表明，通货—经济相关比率还可以通过金融体系内通货与金融机构资产总值的比率来衡量。

如果我们不用通货而是直接使用国际货币基金组织的货币口径来计算货币—经济相关比率，则有

$$\frac{M}{\text{GDP}} \div \frac{A_s}{\text{GDP}} = \frac{M}{A_s}$$

如果使用广义货币（货币＋准货币）口径计算相关比率，则有

$$\frac{M+QM}{\text{GDP}} \div \frac{A_s}{\text{GDP}} = \frac{M+QM}{A_s}$$

$\frac{M}{A_s}$ 和 $\frac{M+QM}{A_s}$ 表明，货币—经济相关比率或广义货币—经济相关比率可以通过金融体系内货币与金融机构资产总值的比率或（货币＋准货币）与金融机构资产总值的比率来衡量。

这里，我们用通货—经济相关比率来看一下不同国家间的金融效率比较。书末插表3是16个国家1965—1993年部分年份的 U 值表，为方便比较，同时还列出了 U 的倒数值，U 值与 U 的倒数值其经济意义是一样的，只不过一个是小数值，一个是倍数值。

U 值或 U 的倒数值对宏观金融效率的衡量效果非常理想。在未调整前，由于各国货币化和金融化程度存在较大差异，致使插表2的值难以作深入的比较，比如在发达国家中，70年代以来，日本的通货—经济比率最高，甚至高于一些欠发达国家，这与日本的金融发达程度完全不符，当我们把货币化和金融化程度考虑在内之后，调整后的比率显示日本的金融效率与美国、英国同属于最高的国家，这就与事实吻合。再如新加坡，其通货在国内生产总值中的比率也是较高的，比韩国高出一倍以上，这显然不符合事实，调整后的比率就没有了这个差距。如果将插表2与插表3对照分析，足以看出调整后的通货—经济相关比率对宏

观金融效率的衡量更加科学和准确。

美国经济学家弗里德曼和施瓦茨在前面所提到的《美国和英国的货币趋势》一书中曾分析过美国和英国的通货比率情况,按照他们的分析,在1873—1875年间,通货与国内生产总值的比率美国为0.0687,英国为0.1345,美国低一半以上,而如果除以当时两国不同的货币化程度,调整后的通货—经济相关比率美国为0.3067,英国为0.2335,英国则低30%,意味着当时英国的金融效率比美国高出在约1/3。[①]仍按弗—施的分析,在1973—1975年间,美国的通货占货币量的比重为10.9%,英国为14.34%,通货与国内生产总值的比重美国为0.0613,英国为0.0687,两国基本一致,而此时两国的货币化和金融化程度也大体相当,调整后美国的通货—经济相关比率为0.0385,英国为0.0387,说明两国的金融效率也同处于最高水平上。[②]

从插表3可以看出近30年来,不论是发达国家,还是发展中国家,金融效率都有了显著提高,其中,发达国家提高了约1倍,比较发达国家接近1倍,而欠发达国家提高了1.4倍。但由于欠发达国家的起点较低,目前的金融效率仍与发达国家有很大的差距。中国的数字显示,金融效率高于大多数欠发达国家的平均水平,接近比较发达国家的平均水平。

4.4.2 货币结构比率

货币结构比率是指大货币口径内不同层次货币之间的比重。在现代经济中货币的概念在通货基础上有了重大的扩展,可以签发支票的活期存款已越来越接近于通货,以至大多数国家和国际货币基金组织在统计上把支票和通货等同看待。事实上,企业、单位定期存款和居民

[①] 根据《美国和英国的货币趋势》一书中第164—166页表中数字计算。
[②] 同上。

储蓄存款也是货币,特别是金融创新使各类存款间的差别越来越小,彼此间的转换越来越方便。但在客观上目前各类存款的流动性多少还是有所差异。为此,各国在对货币的界定和统计上,都对不断扩展的货币概念划分了层次。美国的官方统计把货币划分为三个层次,即 M_1、M_2 和 M_3,另有更广泛的货币概念 M_L 或 L;法国的划分方法基本与美国相同;英国则把货币划分为五个层次,从 M_0(通货)到 M_4;日本划分为三个层次。为便于大多数国家的统计和比较分析,国际货币基金组织采用两个口径,即货币和准货币。"货币"等于银行之外的通货加上银行机构吸收的活期存款之和,相当于大多数国家采用的 M_1;"准货币"是指银行机构吸收的定期存款和居民储蓄存款以及外币存款(有些国家把外币存款单列)之和。"货币"加"准货币"即货币总量。

按照国际货币基金组织的口径,货币结构比率可包括三项,即通货占货币的比重、货币占广义货币的比重和广义货币占金融资产的比重。其中广义货币占金融资产的比重也恰是广义货币—经济比率除以金融化程度之后的相关比率。

理论分析不难得出,随着各国金融化程度的加深和金融效率的提高,货币加准货币即货币总量会不断增长,但其在金融资产或金融工具总值中的比率会相对降低。插表 4 是 16 个国家 1965—1993 年部分年份货币加准货币与金融机构资产的比值表。表中数字显示,发达国家的该项比值从 1965 年的平均 0.455 下降到 1993 年的 0.353,除英国因 80 年代之前的统计口径差别较大不好比较外,其余 4 国该比率都明显下降了。5 国平均下降了约 1/4。5 个比较发达国家 90 年代初与 1965 年相比下降了 1/3,欠发达国家的该项比率也下降了 20%—40%,只有中国的该项比率变化不大。就总体看,发达国家的该项比率比其他国家高出大约 20% 到 1 倍。

随着金融创新的扩展和金融效率的提高,在货币总量中,货币所占的比例或货币与准货币之比率也会逐步下降。最后附表列出了上述国家近 30 年间的货币结构比率变化情况。可以看出货币在货币总量中的比重 [$M/(M+QM)$] 无一例外地全部下降了。在 5 个发达国家，这一比率平均从 1965 年的 0.52 下降到 1993 年的 0.342，货币与准货币的比率从接近 1∶1 变为 1∶2。其中下降最多的是法国，从 0.863 下降到 0.370。在起始点上，该比率最低的是德国，为 0.346，在终止点上，该比率最低的是日本，为 0.281。在 5 个较发达国家，1965 年该项比率平均为 0.661，1990 年平均为 0.361，其中下降最多的是韩国，从 0.676 下降到 0.232。在欠发达国家，1965 年该项比率平均为 0.751，即货币与准货币之比为 3∶1，到 1990 年该项比率降至 0.546，即货币与准货币接近各占一半，其中下降最多的是印度，从 0.728 降至 0.351。中国改革前夕的 1978 年，该项比率为 0.676，1980 年为 0.687，1993 年下降为 0.593。

从上述各国近 30 年间货币量与结构比率表还可看出，在货币与准货币之比率下降的同时，通货与活期存款在货币中的比重也在变化。值得注意的是，欠发达国家通货与活期存款的比率全部下降了，通货与货币之比从 1965 年的平均 0.654 下降到 1990 年的 0.496；几个比较发达国家除泰国外也有不同程度的下降；而发达国家则相对稳定。除英国和法国因统计口径在 80 年代前后变化较大而不好直接比较外，美国和日本的该项比率略有所上升，德国的变化也较小。这证明在金融发展和金融效率提高的过程中，前期阶段与后期阶段具有不同的特征。由于银行支付体系的发展一般都先于其他领域，因此货币结构的变化在前期阶段往往表现为货币与准货币占金融资产的比率较大，而通货占货币的比率逐渐缩小。而当金融发展到后期阶段，经济总量不但对通货的需求减少，同时对活期存款的需求也相对减少，而对准货币和非货币性金融资产的需求增大。

插表 5 是根据插表 4 和附表汇总的 16 个国家货币结构简表，并据此画出曲线图4-1,从中可以清楚地看出金融发展和金融效率提高过程中几个货币结构比率的变化情况。

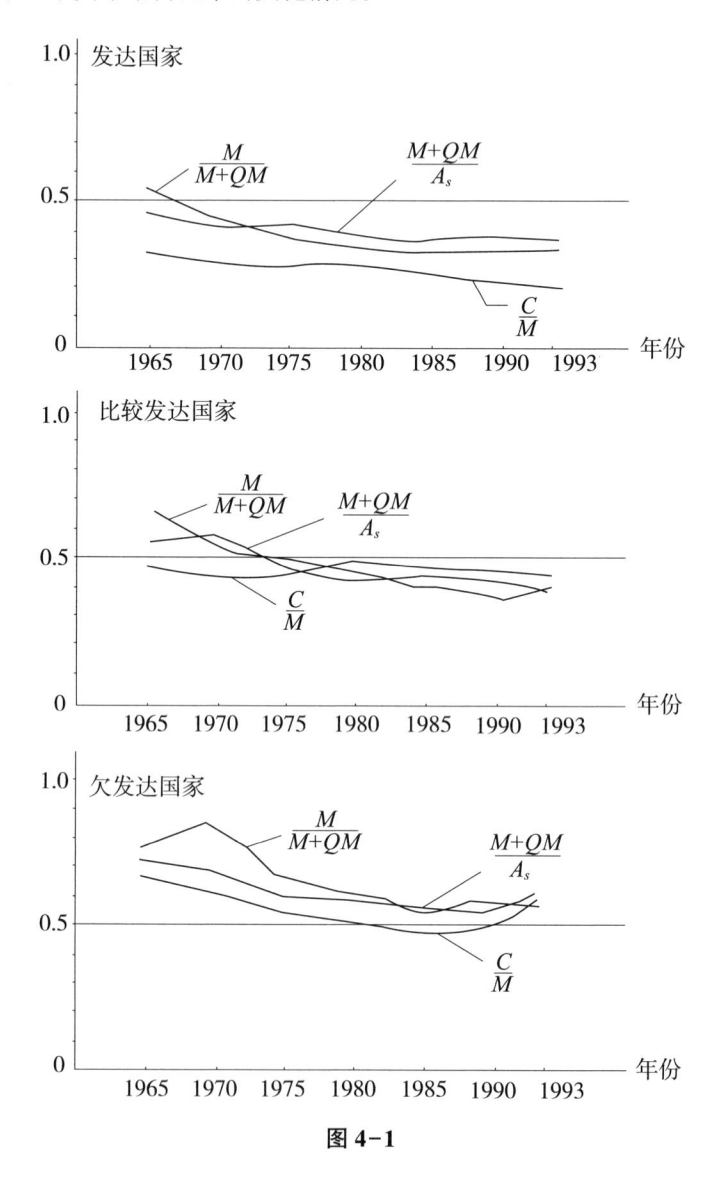

图 4-1

第4章 金融效率——现代经济发展的关键

曲线突出显示:(1)三类国家的3种曲线均向右下方倾斜,意味着随着金融发展程度和金融效率提高,3种货币比率总体上呈下降的趋势。(2)发达国家的3种货币比率均低于发展中国家。发达国家的比率在0.5以下,欠发达国家在0.5以上,比较发达国家在0.5左右。(3)在欠发达国家向发达国家迈进的过程中,3种货币比率的高低往往出现交替状态(比较发达国家显示的很明显),而当经济发展到一定程度,3种比率稳定,以通货—货币比率为最低,货币—广义货币比率次之。

由于经济发展的复杂性和各国金融制度的差异,用货币结构比率衡量金融效率,很难用其中一个看出全貌,必须把3种比率统一起来分析。我们用3种比率之乘积代表货币结构综合比率,以 M_e 表示,便可看出不同国家宏观金融效率的大小。此值越低,意味着宏观效率越高。M_e 的倒数是将小数转变为倍数,以便更加直观地看出各国宏观金融效率的高低。M_e 和 $1/M_e$ 的经济涵义是相同的,只不过 M_e 的值越低金融效率越高,而 $1/M_e$ 的值越大,则金融效率越高。表4-5是根据插表5计算的 M_e 值,并据此绘出曲线图4-2。表、图都清楚地显示,显然近几十年来欠发达国家的金融效率有了一定提高,但仍然与发达国家的差距很大,且有继续拉大的趋势。

表4-5 三类国家1965—1993年 M_e 值

	发达国家		比较发达国家		欠发达国家	
	M_e	$1/M_e$	M_e	$1/M_e$	M_e	$1/M_e$
1965	0.073	13.7	0.172	5.8	0.346	2.9
1970	0.054	18.5	0.123	8.1	0.358	2.8
1975	0.044	22.7	0.101	9.9	0.205	4.9
1980	0.037	27.0	0.092	10.9	0.182	5.5
1985	0.029	34.5	0.081	12.3	0.138	7.3
1990	0.029	34.5	0.068	14.7	0.143	7.0
1993	0.026	38.5	0.066	15.2	0.140	7.1

140 经济发展中金融的贡献与效率

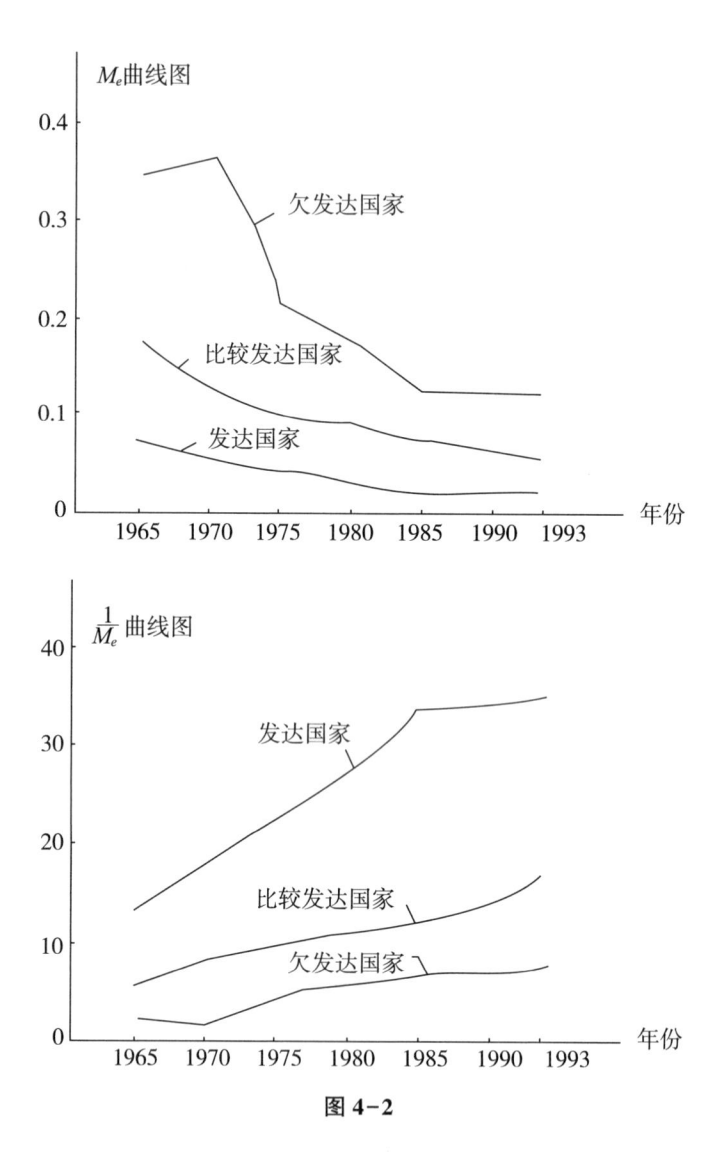

M_e 曲线图

欠发达国家

比较发达国家

发达国家

$\frac{1}{M_e}$ 曲线图

发达国家

比较发达国家

欠发达国家

图 4-2

4.4.3 货币乘数

货币乘数是货币供给总量与中央银行基础货币之间的倍数。一般来说，金融机构运作效率越高，货币乘数也就越大，因此，货币乘数的大小也是衡量一个国家金融效率的重要指标。根据弗里德曼和施瓦茨对美国和英国百年货币趋势的分析，在 1870 年，英国的货币乘数已达到 3.16，美国只有 1.76，英国高于美国 80%。到 1900 年，英、美两国的货币乘数分别为 4.40 和 3.38，差距大大缩小了。到一战前夕，美国的货币乘数已与英国相当，在 4.5 左右。50 年代之后，美国的货币乘数一般都高于英国，1975 年，美国的货币乘数为 9.16，英国则是 4.91。插表 6 是 16 个国家 1965—1993 年若干年份的货币乘数表。

从插表 6 可见，三类国家的货币乘数在近 30 年间都增大了。发达国家平均从 65 年的 5.53 上升为 93 年的 13.40，增长 1.4 倍；比较发达国家平均从 65 年的 2.9 上升为 90 年的 6.03，增长 1 倍；欠发达国家从 65 年的 1.85 上升为 91 年的 3.32，增长 80%。就总体而言，发达国家的货币乘数要比欠发达国家高出约 3 倍。中国的货币乘数与发达国家的差距就更大。

总之，对金融宏观效率的分析，可通过上述货币—经济相关比率、货币结构综合比率以及货币乘数等方面来衡量。理论分析和数量验证表明，近几十年来，样本国家的宏观金融效率都有了较大提高，但在不同经济发展程度的国家之间，其金融的宏观效率差别还较大。

4.5 中央银行对货币的调控效率

在市场经济条件下，把中央银行（货币当局）对货币的调控能力看作金融效率的一个测度指标是合理的，也是有意义的。一般来说，金融效率越高的国家，中央银行（货币当局）对货币的调控能力就越强。在西方发达国家，中央银行是通过对基础货币的调控实现对货币总量的调控。中央银行提供或减少基础货币，其途径主要是增加或减少对金融机构（主要是商业银行）的贴现、抵押放款和在公开市场上买卖有价证券。如果这个国家的金融效率是高的,那么中央银行的措施会及时得到效果反馈,实现中央银行的预定目标。如果金融效率是低的,中央银行的调控目标就不一定能够及时实现,甚或不能实现。由于高效率的金融运行对中央银行的调控措施具有灵敏的反映度,也就意味着中央银行对基础货币具有较强的调控能力。在基础货币与货币总量之间,有一个综合影响参数,即货币乘数。货币乘数的大小在很大程度上取决于商业银行等金融机构的行为和公众持币行为,无疑金融机构的高效率和市场融资的高效率会使货币乘数变大,这在上一节已经述及。因此,提高中央银行对货币的调控能力最基本的着眼点应该是提高金融机构效率和金融市场效率。在这个基础上,中央银行(货币当局)的金融监管和货币政策调控才能有效。

中央银行(货币当局)对货币调控能力的大小可通过两个方面来评判:一是调控措施的影响力;二是调控效果与预期目标的偏离程度。金融效率越高的国家,中央银行对货币的调控能力在上述两方面都表现得越强。例如,西方国家的中央银行每提高或降低0.25个百分点的基准利率,都会带来市场主体一连串的反响;而在金融效率很低的国家,市场主体对中央银行的调控措施往往反应非常冷淡。在调控效果方面,金融效率越高的国家,预期目标实现的程度越高,偏离度越低;而在金融效率较低的国家,中央银行的调控措施经常不能实现预定目标。80年代的一些南美国家、90年代苏联解体后的俄罗斯及一些中亚与东欧国家,中央银行的调控目标常常落空,除了经济、体制转轨等方面的原因外,金融秩序混乱和金融效率较低也是主要的原因。

对中央银行货币调控能力的衡量,还有一个指标需作特别说明,即货币增长率与经济增长率之比率。在稳定的市场经济体制和既定的货币化程度条件下,货币增长率与经济增长率之间有一个相对稳定的相关比率,如果货币增长率过高以至于使货币与经济的增长率比率上升,在许多情况下是中央银行货币调控能力不强从而货币失控造成的。但这一点不能绝对化。在不少国家或某些国家的特定的时期,货币增长率与经济增长率之比率上升是由国家的发展政策造成的,责任不在货币当局(中央银行),因而该比率的上升就不能用来证明货币当局(中央银行)对货币调控能力的下降。同样,通货膨胀率指标在衡量中央银行货币调控能力时也存在这个问题。因此,货币增长率与经济增长率之比率以及通货膨胀率在用来测度中央银行货币调控能力时,必须结合国家经济政策及其他因素综合考虑。当然,如果政策意在保证货币稳定,货币当局(中央银行)制订了明确目标,想控而控制不住,就不能不被看作是金融效率低的一个表现。

4.6 小结

在现代经济中,金融作为推动经济发展的重要因素在整个经济增长中作出了近1/5的贡献。在金融推动经济发展的过程中,金融效率起着关键的作用。金融效率的高低决定着金融发挥作用的成本和作用力的强弱,从而在很大程度上决定着整个经济效率的高低。

金融效率是指金融运作能力的大小。对金融效率的考察可分为四个层次。

1. 金融机构效率。金融机构效率是把金融业作为具有独立投入产出行为、把货币和资金作为特殊商品、把金融机构作为金融产业主体考察的,它通过金融机构的经营效率和发展效率体现出来。经营效率包括业务能力和盈利能力。业务能力体现在所提供的金融商品和金融服务对社会需求的满足程度、银行的清算速度、资产的增长率等方面;盈利能力建立在业务能力基础上,主要通过资产盈利率和资本盈利率来衡量。金融机构的发展效率是指金融机构作为金融产业主体在市场竞争中开创未来的能力,包括金融创新的能力、资本的增长能力、设备的现代化配置能力及更新能力、人员素质和经营管理水平等。

2. 金融市场效率。金融市场效率是指金融市场的运作能力和金融市场对经济发展的作用能力。金融市场的运作能力通过五个方面体现出来:(1)市场上金融商品价格对各类信息的反映灵敏程度;(2)金融市场上各类商品价格具有稳定均衡的内在机制;(3)金融商品数量及创新能力;(4)市场剔除风险的能力;(5)交易成本的大小。金融市场对经济的作用能力突出表现在市场对融资需求的满足能力和融资的方便程度这两个方面。

3. 金融的宏观效率。金融的宏观效率是金融机构经营发展效率和金融市场效率对整个国民经济的作用效率,它综合体现在货币量(包括通货量、货币总量和货币结构)与经济总量的关系上。金融的宏观效率越高,货币的作用效率也就越高,货币结构便越合理。对金融宏观效率的分析可通过货币—经济比率、货币结构比率、货币乘数等来衡量。

4. 中央银行对货币的调控效率。中央银行对货币的调控效率可以通过两个方面来评判:一是调控措施的影响力;二是调控效果与预期目标的偏离程度。一般来说,金融效率越高的国家,中央银行对货币的调控能力也越强,这是由于高效率的金融运行对中央银行的调控措施具有灵敏的反映度。因此,提高中央银行对货币的调控能力,必须着眼于提高总体金融效率,并在此基础上加强金融监管和货币政策工具的灵活操作。反过来,中央银行对货币的调控能力越强,也意味着金融的效率越高。

数量分析表明,近30年来,不管是发达国家还是发展中国家,金融效率都大大提高了,但从横向比较,发展中国家与发达国家的差距仍然很大。金融发展在发展中国家具有巨大的潜力,而金融发展的重点应该在提高金融效率方面,不应单纯依靠数量扩张。

第 5 章　对提高中国金融效率的若干思考

5.1　对中国金融效率的基本估价

按照上一章的分析思路,对中国金融效率的详细考察,须从 1979 年开始。在新中国成立之前,由于经济和金融的发展程度比较低,加之缺乏最基本的统计资料,对金融效率的分析无从入手。而在新中国成立后的计划体制下,金融活动是严格按照国家的计划安排进行的,这种计划安排是把金融作为整个计划经济的组织手段、把金融机构作为计划经济的货币供给部门考虑的。因此,高度集中计划体制下的金融效率与经济发展的总体效率完全结合为一体,很难按照上一章的设定标准把金融效率提出来单独考察。理论上分析,计划体制下的有些做法(如一家银行下的全国通汇)显示了较高的效率,但由于金融机构单一、信用方式单一、排斥市场作用和缺乏竞争,总体效率并不高。1979 年以来,随着改革的逐步推进,金融在经济中的作用迅速上升,同时也取得了相对独立的地位,对金融效率的单独考察便有了可能。

16 年来,中国的金融效率在逐步提高,金融效率的提高促进了经济的快速发展。从金融机构来看,在形成庞大金融机构体系的同时,金融机构的经营能力和发展能力迅速增强。国内金融机构资产从 1978 年的 1 876.5 亿元增长到 1994 年的 60 438.88 亿元,年均增长率达 24%。金融机构的业务种类和服务领域不断扩展,从最初的吸收储蓄、发放国营企业周转性流动资金贷款扩展到几乎所有的信贷、信托、租赁、证券、服务等全部金融业务，业务范围覆盖了经济生活的各个方面，金融机构提供的金融商品和金融服务对社会需求的满足程度越来越高。金融机构的从业人员已从1978年的几十万人发展到1994年的近300万人，金融业产值占GNP的比重也大幅度上升。金融机构的平均盈利水平大大高于其他行业，成为国家财政收入来源的一个重要部门。美国《财富》杂志对1993年世界大商业银行的排名中，中国银行已跻身第十位，如把中国工商银行、中国人民建设银行、中国农业银行也看作商业银行，它们也都居世界最大银行之列。

在金融机构增加、金融业务扩展、金融产值和收益提高的同时，金融机构的发展能力也大大增强。16年来，中国的金融机构在迅速举办传统金融业务的同时，也及时吸收了西方"金融创新"的最新成果，并结合中国的国情开办了具有自己特色的创新业务。新科技成果在金融业的应用也居于其他行业前列，金融机构开创未来的能力在增强。因此，从金融机构经营和发展能力来看，金融机构效率正在不断提高。

在金融机构效率提高的同时，金融市场效率也开始从无到有。如果把通过银行的间接融资活动排除在外，在改革前的计划经济体制中，中国基本上没有金融市场，更谈不上金融市场的效率。改革以来，中国的货币市场和资本市场都得到了快速发展。到1993年底，各类有价证券累计发行达6 211.49亿元，其中各类国债2 571.21亿元，金融机构债券（含大额定期存单）2 060.39亿元，企业债券1 286.67亿元，股票293.22亿元。有价证券的二级转让市场发展更为迅速，1993年全国有价证券的转让交易总额已达7 911亿元，金融市场对社会融资需求的满足程度和方便程度大幅度提高。在金融市场发展的同时，中国也开始有了这种效率。

作为金融机构经营发展效率和金融市场效率的综合反映，中国金融的宏观效率在 16 年中也有了较为快速的增长。在经济货币化、金融化趋势增强的同时,货币结构综合比率与货币乘数反映的货币作用效率有了明显提高。通货与货币比率(C/M)从 1978 年的 0.365 下降到 1994 年的 0.307;通货与广义货币比率[$C/(M+QM)$]则从 0.238 下降为 0.182;货币与广义货币比率[$M/(M+QM)$]从 0.652 降至 0.590。三种货币结构的综合比率 1978 年为 0.057,1994 年为 0.033。货币乘数则从改革初期的 2.05 左右上升至 1993 年的 2.51。

总之,16 年来,中国的金融效率就自身比较有了很大提高。但与发达国家和新兴工业国家相比,中国的金融效率还处于较低的水平上。在金融机构方面,金融资产的质量很低,资金运用(主要是贷款)损失率、呆账率很高,银行清算速度甚至比计划体制下还要慢,设备的现代化程度、服务质量与水平等与发达国家的差距还很大。在金融市场方面,满足社会资金需求的能力与融资的方便程度与发达国家的差距更为明显。特别是金融市场的发展与实质经济发展的联系尚不够紧密,带有更多的外部推动的痕迹。在宏观金融效率方面,所有衡量指标与发达国家和新兴工业国家相比差距就更大。从中央银行对货币的调控能力看,在指导思想上中国对此的重视程度绝不亚于其他国家,但效果显示,中央银行利用经济手段对货币的调控能力还不强,计划指标与执行结果差距往往在一倍以上,尽管这并非是人民银行一家的责任。

中国目前的金融效率不但与发达国家和新兴工业国家存在较大的差距,与中国金融的发展速度相比,金融效率的提高也显然不能令人满意。虽然改革以来金融效率在逐步提高,并在一定程度上促进了经济发展,但金融效率的提高远没有金融数量扩张那样显著,金融对经济发展的推动更多地体现在金融的数量扩张上。以金融数量扩张为主推动经济发展的基本格局,在使经济快速发展的同时也带来许多新的问题,诸如通货膨胀率过高、银行资产质量下降、社会资金产出效率降低等等，以致有人把经济发展和经济问题归结为"功在金融、罪在金融"。虽然这种说法是不恰当的，但却从一个侧面反映了金融发展速度快而金融效率不高这一根本问题。

应当看到，中国目前的金融效率不高与经济发展水平和体制转轨有关。在发展中国家的经济起飞阶段和金融地位上升时期，金融效率的提高慢于金融的数量扩张有其一定的必然性。在中国经济发展的过程中，金融发展和效率提高也不可能跳出这一发展规律。但当金融发展达到一定的规模和程度之后，金融效率的提高就具有更加重要的意义。以提高金融效率为中心的金融发展在促进经济增长的同时能够避免或减轻经济发展中的负面影响，以保证经济的效率增长。中国目前的经济发展和金融发展已处于这一水平上，因此，如何提高中国的金融效率，是今后发展的一个主题。基于此，本书提出如下几点粗线条看法，以就教于专家学者。

5.2 真正把金融业作为现代产业来发展

金融业在其自身发展过程中形成一种产业，在西方国家开始于17世纪，而在本世纪初成为一个重要的现代产业。西方金融业的繁荣是在产业发展格局中实现的。中国的金融业在本世纪前期的几十年中虽有过较为快速的发展，但由于当时很低的经济发展水平和半殖民地、半封建的社会性质，金融业一直未能过渡到发达的现代产业。革命胜利后，实行了高度集中的计划经济体制，金融便作为计划经济的一种手段被使用，形成了大一统的金融体系和资金供给制格局。1979年以来，金融领域的改革是按照"宏观管住、微观放活"的思路进行的。在这一思路指导下，建立了两级银行体制，放宽了专业银行的业务范围，调整了信贷资金管理办法，恢复和新设了一些商业银行和非银行金融机构，开拓和发展了金融市场等等。这些改革对于促进整个经济的高速发展起到了重要推动作用。但也不应否认,整个金融改革过程是在权力的"收收放放"和政策的"松松紧紧"中推进的,从而始终没有走出"一控就死,一放就乱"的循环圈。直至目前,资金供给制的格局尚无根本改变,金融运行缺乏良好秩序,资金价格比较混乱,计划规则和市场规则均不能很好发挥作用,以致金融效率很不理想。形成这一局面的原因是多方面的。其中之一在于前期金融改革缺少在总体上的正确把握。在指导思想上,金融更多的是作为国民经济的调控系统发展的,改革试图把金融从计划的直接手段转变为间接的宏观调控工具。一种似乎占主导地位的观点认为,只要掌握了五大银行(人民银行和四大专业银行),国家就能调控整个国民经济,金融改革的重点必须是保证宏观调控而不是发展现代金融产业。这里的问题是,如果没有一个发达的金融产业,有效的宏观调控与较高的金融效率是很难同时实现的。这在上一章第5节中的分析中已得到证明。因此,金融业究竟应该首先作为一种现代产业来发展,还是首先作为国民经济的调控系统来使用,成为一个带有根本性和指导性的问题。

按照社会主义市场经济体制的要求,要使金融最大限度地促进经济发展并实现经济的效率增长,金融业首先应该作为现代产业来发展。金融也只有在自身产业发展的格局中才能使自己的效率不断得到提高,而用提高金融效率的办法促进经济发展才不会出现大的问题,同时为有效的宏观调控提供基础。

把金融业作为产业来发展,就要遵循产业发展的规律。任何产业,都以连续不断地为社会提供产品为基本标志,通过竞争提高效率,通过提供自己的产品促使其他产业的发展,满足人们的各种需要,最终推动社会的发展和进步。把金融作为一种产业,其立足点就放在了向社会不断提供各种高质量的金融产品(金融商品)和金融服务上,才会有快速的金融发展和理想的金融效率。如果重点把金融作为一种调控系统来使用，就会忽视这一点。而没有发达的现代金融产业，没有金融业的良好运行机制，便失去了金融宏观调控发挥作用的客观基础，就不能指望宏观金融调控灵活有效，更不能使宏观调控与金融发展和经济发展高效率地统一起来。

要使金融效率在金融产业发展中不断得到提高，金融改革必须切实考虑以下几点：

1. 真正把货币、资金作为"商品"来对待，努力创造条件，尽快取消用行政手段分配资金的做法。任何商品都只有在交换中才能体现它的本质属性，资金商品也是如此。从计划经济转向市场经济，并不是从分配物资转向分配资金。以分配资金为主的金融运行机制不可能带来金融的高效率。通过行政权力分配资金不但与市场经济理论相悖，而且在实践中还会带来很大的混乱和不公平，特别是在资金紧张的情况下，副作用就更大。

2. 以资金为基础的金融商品价格的确定和形成应该符合市场规律。商品经济的基本规律是以市场化的价格形成机制为前提。没有商品价格的市场化，便没有市场经济。这在今天已不是争议问题。但金融商品的价格为什么必须市场化，仿佛还没有形成共识。金融业本身是商品经济和市场经济的产物，是在商品经济和市场经济漫长的发展道路中独立出来的一个行业，所以市场性是它的固有特性之一。金融业的市场性，核心是金融商品价格形成的市场化。在传统体制下，我们的金融业没有作为产业来发展，以利率和汇率为代表的金融商品价格是通过行政手段制定的。虽然改革以来我们多次调整利率和汇率，并给予一些金融机构一定的浮动权力，但就总体来说，金融商品的价格主要还不是通过市场形成的。在市场经济条件下，金融商品的价格应主要由供求来决定，国家可以引导，但不能直接决定。资金的实际价格与经济增长的效率连在一起。经济效率高,说明资金的增值能力大,资金的需求就增加,资金的价格也自然会上升,它的上限是经济本身的增长力。如果从名义价格看,它还要与通货膨胀率相连,这是资金价格的内在属性。以供求为主的价格形成机制,会使金融效率在资金供给者与资金需求者之间、资金供给者群体之间、资金需求者群体之间的竞争中得到提高。金融效率提高会带来资金供给的增加,而资金供给利率并不一定降低;同时,金融效率提高会使需求扩大而需求利率并不一定提高,其结果便是资金的充分运用和经济的快速增长。在金融效率很低的情况下,如果通过行政手段把资金价格抬得过高,势必造成资金的运用不足。如果把资金价格压得过低,又会出现资金供给不足,客观存在的"价位差"与行政分配资金结合在一起,势必诱发多方争抢资金,致使资金流通渠道混乱,以钱炒钱盛行,直至拉平"价位差"。在这个过程中,靠堵是堵不住的。同时,以权谋钱、以钱谋私的权钱交易等腐败现象也是不可能完全控制得住的。因此,没有金融商品价格的市场化,金融秩序就不能真正确立,市场对资源的配置和对资金流向流量的引导就不能真正发挥作用,固然我们可以通过严格的行政管理来制止,并且事实上我们也正在这样做,但终究是制而不止。因此,逐步把金融商品的价格形成转向市场化,遵循它本来固有的规律,应是改革的当务之急之一。

让我们再换一个角度看。金融业还有一个固有特性,这就是它的国际性。历史上最早的金融机构——货币经营业,有很大一部分是从国际交易中发展起来的。在当今世界,一个国家的经济发展对另外国家的依赖程度不断增强,世界经济正在走向一体化。伴随着这个进程,金融的国际化正在加速发展,并且走在了经济国际化的前面。我们实行对外开放的政策,正在以迅速的脚步全面走向世界。金融业也必将是如此。而金融业的国际化,更是以金融商品价格的市场化为前提。

没有金融商品的市场化,金融业与国际的接轨也是不可能的。

3. 金融机构体系必须是多元的,且具有竞争性。如同其他产业一样,金融业的发展也必须在经营金融商品的各种机构的竞争中来实现。因此,金融机构不能是垄断的。垄断阻碍竞争,不可能产生高的金融效率。由于金融业的特殊性,金融机构的设立标准应当比非金融机构的设立标准更为严格,但这种严格只能体现在对设立金融机构的条件要求上,而不是靠行政命令来控制。德国对金融机构的设立除规定资本金等条件外,还对经理人员有具体要求,如规定新的银行申请开业,其经理人员必须具有在本国中等规模以上的银行中从事过三年以上的经营管理经验,并且必须有两个经理人员以此为主业,不能是兼职,更不能是名义上的,即所谓"四只眼原则"。标准虽严格,但只要符合条件,就可随时得到批准,并不受数量指标的限制。而我们每年通过计划控制若干数目,虽然管理机关尽力秉公办事,但仍不能不受走后门、托人情、找关系等不正之风的困扰。改革以来,我国金融机构发展很快,但相对于中国这样一个迅速发展的大国来说,金融机构的数量还是不多的,并且竞争性也刚刚显示出来。因此,在严格开设条件的前提下,发展和完善多元化的金融体系对于金融业的发展是很必要的:一是可为公众提供更多更方便的金融商品和服务;二是增加金融服务的范围;三是促进金融业的竞争,提高金融服务的质量和效率。没有一个多元化、竞争性的金融体系,就不能打破垄断,而在行业垄断的前提下,金融业的发展必然受阻。

建立多元化的金融体系,是指在中央银行领导、监督、协调之下形成一个以商业银行为主体、政策性银行和众多非银行金融机构并存的具有竞争性和规范化的金融机构体系。作为主体的商业银行,包括国有银行、国家控股的跨地区的股份制商业银行、地方商业银行和外资银行等。其中国有商业银行的经营也必须按照一般经营惯例,实行自主经营、自负盈亏、自求平衡、自担风险、自我约束、自我发展。目前我国的四大专业银行已明确向国有商业银行过渡，因此，详细研究这一过渡中的措施和经营方针，以及是否可以部分实行"国有民营"、银行内部是否可以交叉持股等十分迫切。在多元化金融体系中地方商业银行应占有不可忽视的地位。地方商业银行的发展与当地经济密切相关，对于活跃整个国民经济和各地区平衡发展意义重大。在四大专业银行转变为国有商业银行之后，办好政策性银行（或真正意义上的专业银行）也是非常重要的。在西方国家，政策性银行（即政府金融机构）的作用也是十分明显的。政策性银行以执行国家政策为主，以弥补商业银行及其他金融机构对一些重要而特殊部门支持不到的真空。非银行金融机构的发展也必须重视。商品经济的发展和市场机制的建立，需要全方位的金融服务，以某个或某几个专门业务为主要经营对象的非银行金融机构的广泛存在，必然使经济更加具有活力，对于搞活资金融通、为企业提供全方位金融服务和建立市场金融机制，意义重大。在非银行金融机构中，应特别重视保险公司和保险事业的发展，这不但对搞活整个金融起重要作用，还是建立社会保障体系的重要基础。

4. 建立一个公平合理的规范化的市场金融运作机制。"公平合理"是指所有金融机构，不管其所有制性质如何，应该遵守统一的法律，承担统一的税收负担，在同一的起点上按照平等规则从事金融活动。"规范化"是指各类业务活动必须有章可循，防止无序竞争。规范下的平等竞争能够带来效率，僭越规范的竞争只能导致混乱，同时，金融机构和企业要同时全面走向市场，没有金融机构进入市场，企业在市场中的活动是受阻的。没有真正的银行家，便不会有真正的企业家。

5. 要有一个与经济发展相连的完善的金融市场。在现代市场经济中，金融产业的发展离不开一个完善的金融市场。没有一个健全的规范化的金融市场，合理的金融商品价格就不能形成，货币的调剂、资金的融通、资源的优化配置就会受阻。改革开放以来,特别是进入90年代之后,我国的金融市场有了较快的发展,这是可喜的。但是我国目前的金融市场还存在不少问题,主要是有一种与生产和流通相脱节的倾向,行政的因素占主导地位,形成一种虚假的繁荣。要真正发挥金融市场的功能,必须把金融市场放到经济发展与金融业整体发展之中。

6.中央银行必须建立一个灵活有效的间接调控机制和金融监管机制。把金融业首先作为产业来发展,中央银行宏观调控的重要性不是降低了,而是增强了。这里的关键问题是中央银行的调控方式和手段应当转变,要真正从行政命令为主转向经济手段为主。当然在目前的条件下,不能企望中央银行短期内就能实现这种转变,但应随着改革的推进,积极创造这些条件。

在金融业按照产业发展的格局下,金融宏观调控的目标在于两个方面:其一是保证金融机构经营的规范化和市场运作机制的顺畅有效,以保证金融业的健康发展;其二是保证经济发展有一个稳定的货币金融环境。要实现调控目标,必须切实改变中央银行与普通金融机构之间的资金供应关系,建立货币发行约束机制,并加强对经济活动和金融活动的统计、分析、监测和研究工作。对货币供应量的调控应扩展到不同层次,实行统一调控。特别是应改变现金管理办法,允许居民使用支票和非现金结算,也允许企业、单位使用现金结算,打通货币量不同层次间的内在联系渠道,这是建立统一的结算秩序和提高金融效率的必要条件。它不但有利于规范资金流动从而最终节约现金使用,也是宏观调控的一个基点。

总之,把金融业首先作为产业来发展,并按产业发展的规律推进金融改革,是提高中国金融效率的战略措施。而金融发展和金融效率的提高又是实现经济快速发展的重要推动力,也是实现有效金融宏观调控的客观基础。

5.3 从紧控制货币，着力搞活金融

本章第一节曾经提到，中国的金融效率在改革以来总体是有了一定提高，但效率的提高远没有数量扩张那样明显，金融对经济发展的推动更多地体现在金融的数量扩张上。如果进一步分析，还可以发现，金融的数量扩张主要是货币的扩张（包括货币总量和分层次货币）和银行贷款的过快增长。银行之外的各种信用总量，虽然也有所增长，特别是有价证券发行余额的增长速度还不算太慢，但就其在信用总量中的比重来看仍然非常之低，以商业票据为代表的商业信用发展更慢。

自从1981年恢复国库券发行以来，到1993年底，我国有价证券累计总发行额为6 211.49亿元，扣除已偿还部分，1993年底的未偿还证券金额为3 942.55亿元。[①] 虽然有价证券的发行在十几年中有了较快增长，但与贷款的比率仍然很低。1993年全国金融机构贷款为32 953.94亿元[②]，证券余额与贷款余额的比率为1∶8.36。而在许多发达国家，有价证券的余额已远超过贷款余额。仅以股票为例，1994年，美国和日本的股票市价总值分别是银行贷款余额的85%和50%。与有价证券规模相比，以商业票据为代表的商业信用规模在我国更加狭小。在80年代中期，美国的商业票据未偿余额已达2 400多亿美元，相当于当期货币量（M_1）的50%，而我国的商业票据真正是处于刚刚起步阶段，还谈不上一个百分比。

由于商业信用的发展程度很低，我国贷款以外的信用总额与货币量（M_1）的比率1993年仅为21%，与货币加准货币的比率为12.5%。美国货币市场和资本市场工具总值在1960年已达12 140亿美元，是

---

① 引自《中国金融年鉴》(1994)中国金融年鉴编辑部1995年版。
② 《金融时报》，1995年4月6日。

当年货币量(M_1)的 8.28 倍,是货币加准货币的 5.84 倍。1970 年,美国的市场金融工具总值上升为 25 240 亿美元,是当年货币量(M_1)的 11.2 倍,是货币加准货币的 3.95 倍。仅从货币市场金融工具看,1993 年,美国的货币市场工具总值为 21 034 亿美元,是当年货币量(M_1)的 1.7 倍。与美国相比,法国的货币市场金融工具总值与货币量(M_1)的比值较低,1992 年为 68.5%,但也高出我国 2 倍。

不同的信用结构对货币量的影响差异是巨大的。证券融资(特别是长期证券融资)并不影响货币量或影响程度很小,不会导致货币量的扩张或者扩张幅度很小。而银行贷款则直接导致货币量的扩张,因为贷款所提供的直接就是货币,绝大部分直接形成购买力。本世纪以来,特别是二战之后,发达国家的信用,已越来越依靠证券、商业信用及其他信用。贷款数额虽然也在增长,但增长的速度远远低于非贷款信用的增长,这一方面带来了金融的高效率,同时也保证了货币量增长的稳定性。从书后附表可知,在 1964—1993 年的 30 年中,美国的货币量(M_1)年均增长为 7.1%,通货量年均增长 8.0%;这两个增长比率在日本为 10.2% 和 11%;在德国为 8.4% 和 7.2%;在英国为 12.2%[1] 和 7.3%;在法国为 8.3% 和 5.4%。改革 16 年来,我国的货币量(M_1)增长率年均为 26.1%,通货量增长率年均为 24.7%,而信用量(金融机构贷款加有价证券余额)年均增长 21.2%,信用量的增长速度还慢于货币量的增长,这说明我国改革以来的经济快速增长主要是靠货币量的扩张推动的。在金融效率不变的条件下,依靠货币扩张而不是信用扩张推动经济增长,通货膨胀必然伴随其中,特别是当经济货币化达到一定程度之后,完全依靠货币量的扩张,通货膨胀会与货币量增长相伴。

发展中国家在经济起飞的过程中,需要大量的资金投入,投资是支

---

[1] 由于英国的统计口径在 80 年代初有所变化,所以其值有些高估。

撑经济起飞的主要因素。如何筹措资金来源满足投资和经济发展的需要？这虽然离不开货币量的增长，特别是在起飞过程的初期阶段。但从根本上来说，一个稳定的投资增长机制不应单是以持续的货币推动为基础。另一个极其重要的方面是，应该发展多层次信用，用创造和发展多种信用工具的办法来满足投资需求，而不应仅仅依靠贷款——直接创造购买力的办法——来满足这种需求。

主要依靠与货币量密切相连的贷款支持投资需求的增长，是发展中国家的通行做法。这是因为一方面，发展中国家的金融发展程度比较低，金融机构主要是银行，非银行金融机构的数量很少，业务量比重很低，而银行开拓非货币性负债、资产的能力又不强，扩张信用只能靠银行贷款。银行贷款与货币量的联系几乎是完全相通的，贷款的增长意味着货币量的增长，货币量增长形成直接的购买力，面对市场商品，通货膨胀便是必然结果之一。另一方面，仅用提供贷款——从而增加货币量的办法发展经济，也会带来金融的低效率。在企业融资需求只有银行贷款一条渠道的情况下，压力便集中在银行，在银行无法开拓非货币性负债的情况下，要满足企业这种需求，也只有增加向中央银行的借款，在这种单一单向的融资机制下，企业和银行均缺少选择的空间，而没有选择、比较和竞争，便不可能产生效率。

由此，发展商业信用、证券等多种信用形式，开拓银行的非货币性负债业务，扩大社会资金来源中的非货币性比重，是提高金融效率的重要环节。同时，还是保证经济高速发展而使通货膨胀保持在较低水平的重要措施之一。

所谓扩大社会资金来源中的非货币性比重，是指更多地发行各种非货币性金融工具吸收社会资金以满足投资的需要。例如企业通过发行股票和债券筹集的资金，对股票和企业债券的持有者来说，它是金融资产，但流动性比银行存款弱得多，不形成直接的购买力，因而货币性较差。各种基金负债(如人寿保险公司发行的人寿保险单、养老基金保险单、退休基金保险单、共同基金凭证等)也是不能直接用于支付购买,也是非货币性的。而通过发行股票、债券、基金凭证等金融工具筹措的社会资金,同样可以满足投资的需要。商业票据等金融工具对持有者来说也不是货币,而对发行者来说同样能够满足融资需求。在多种信用形式、多种金融工具并存的情况下,融资渠道多元化了,必然带来企业之间、金融机构之间、企业与金融机构之间的选择和竞争,而金融效率便在这种选择和竞争中得以提高。

此外,商业信用、证券、基金的发展还是支撑银行信用的基础。没有这些信用基础,银行信用的发展必受困扰。我国目前的情况便是如此。一方面,不规范的"挂账信用"和"口头信用",使多边债务缠绕堆积;另一方面,银行贷款质量低下,呆账坏账不断增长。银行信用是商业信用的高级形式,但如果脱离开基础,银行信用必然是扭曲的,而事实上,商业信用、证券、基金信用等是更加具有约束力的形式,没有商业信用等基础信用形式的充分发展,就不可能有真正良好的社会信誉观念,也就不可能形成真正的社会信用体系,更谈不上金融效率。因此,发展基础信用形式,重建社会信用体系,是提高金融效率的基础条件。

总之,从紧控制货币、着力搞活金融是提高金融效率的重要环节。同时,用创造多种非货币性金融工具而少扩张货币的办法来满足投资需求,还是保证在低通货膨胀下实现较高的经济增长的重要措施。从经济发展和金融发展的世界性趋势看,我国也必须在这方面做极大的努力。1993年,美国以12 303亿美元的货币量(其中通货量为3 275亿美元)实现了63 779亿美元的国民生产总值,数倍于货币量的非货币性金融工具起到了重要作用。而同年我国实现31 380亿元人民币的国内生产总值,却有18 695亿元(其中通货量为5 865亿元)人民币在周转,非货币性金融工具总值极低便是主要原因之一。假如按照美国的货币—经济比率,实现 31 380 亿元人民币的国内生产总值,货币量仅需要 6 058 亿元,其中通货量更少至 1 612 亿元。换一个说法,如达到美国的货币作用效率,18 695 亿元的货币量便可实现 96 840 亿元的国内生产总值,而 5 865 亿元的通货量更可实现国内生产总值 114 192 亿元。尽管这种比较并非妥当,但却可以从一个侧面看出效率提高与数量扩张对经济产生的巨大差异以及控制货币,发展多种信用所具有的重要意义与巨大潜力。

5.4 调整金融市场发展重点,规范金融市场运作

在十几年的金融改革过程中,中国一直比较重视金融市场的开拓与发展,特别是在 80 年代中期,理论界还提出过以发展金融市场为"突破口"的一种主张。80 年代后期以来中国金融市场的发展速度逐步加快。但从金融市场效率考察,中国目前仍处在一个较低的水平上。不但与发达国家金融市场效率无法相比,而且与韩国、新加坡等新兴工业国家的金融市场效率相比差距也很大。

从金融市场的运作来看,西方国家与新兴工业国家的金融市场运作都很规范。金融市场上的各类金融商品具有较强的流动性和替代性;金融商品和金融交易方式的创新能力强;市场价格对经济信息的反映灵敏且价格的波动具有内在的稳定机制;市场投机虽然活跃,但市场对投机的约束力很强;投资者是金融市场活动的主体,市场对投资风险有较强的剔除能力;市场的组织管理能力强,交易成本很低。而我国的金融市场在这些方面表现均较差。比较突出的是市场组织管理能力低,投机性强且抗风险能力弱,市场价格的形成缺乏合理性且无内在稳定机制。仅从市场价格的形成看,价格的波动不是取决于经济发展状

况,而对内部消息、小道传闻反应敏感。虽然内幕消息、领导人政治表态在西方国家也会影响金融市场价格,但影响程度和波动时间都是有限的,长期的价格趋向仍主要取决于经济发展状况和市场价格内在稳定机制。我国的金融市场价格基本上不反映经济发展状况。例如1994年2—7月,与经济平稳运行、增长势头强劲相反,金融市场交易价格长期大幅度下跌,其中10月7日一天之内上证A股指数曾下跌228点,跌幅为41.2%,超过美国1987年10月19日"黑色星期一"波幅22.6%的世界纪录近一倍。① 价格波动的无理性使金融市场在很大程度上成为投机者的"乐园",而为投资者设置了障碍。

从金融市场对经济的作用效率看,目前的状况也很不理想。发展金融市场的本质意义在于为投资者提供环境和条件进而促进投资和经济发展。而目前的金融市场状况有越来越脱离实质经济发展的趋向,其主要表现是二级市场的独立发展和企业在一级市场上筹资困难并存。在一个高效率的金融市场上,企业的融资需求很容易得到满足且很方便。对中国的企业来说,目前还不能实现这一点。能够进入一级市场发行股票或债券的企业为数很少,且要花大量的时间和精力,大部分企业特别是中小企业事实上被排除在市场之外。国家债券的发行成本也很大,否则便不能筹到所需资金。金融市场对经济活动主体资金需求的满足能力低和方便程度低,说明了金融市场对经济的作用效率处在一个较低的水平上。

如何提高中国金融市场的效率?显然需要从多方面努力,比如加强市场管理、完善必要的法规等等,但重要的一点是,应该使金融市场发展与实质经济发展结合起来。金融市场只有建立在实质经济发展基础上,才能充分发挥对经济的促进功能,才谈得上对经济发展的贡献和

---

① 《中国证券报》,1994年7月30日、10月8日。

自身效率问题。特别是在市场发展的起步阶段,必须脚踏实地,立足于基础,而不能弃本求末,追求虚假繁荣。西方国家的金融市场发展到今天这种程度用了几百年时间,虽然我们不必重走几百年的西方金融市场发展之路,但也不能完全模仿西方金融市场现有的一切做法。中国的金融市场应该与现阶段经济发展水平、信用基础与企业和金融机构状况相联系,并应带有中国的一些特色。韩国、新加坡等新兴工业国家在发展自己金融市场的过程中就特别注重本国实际,效果颇佳。韩国在50—60年代经济起飞过程中,金融市场的发展始终紧扣国家工业化这个主方向,用发展金融市场为工业化提供资金支持,满足工业化过程中的投融资需要。在这种指导思想下,韩国着重发展了货币市场和长期债券市场,并没有着力去搞世界级的证券交易所。新加坡的金融市场比较发达,但占主导地位的是银行同业拆借市场和贴现市场及外汇市场。日本的股份公司在明治维新后就有了快速发展,股票发行总值在本世纪初就已达到相当的规模,但股票二级市场快速发展则只是近二三十年的事情。世界各国的经济发展史证明,凡与经济发展紧密相连,以满足社会再生产过程中真实投融资需求为宗旨的金融市场,都对经济发展作出了重要贡献,并且也都具有较高的市场效率。由于金融市场对经济的直接贡献主要是来自于货币市场和一级证券市场,因此,那些成功国家的金融市场发展战略和顺序一般是先货币市场、后资本市场,资本市场中以债券市场为重;先一级发行市场,后二级转让市场,发行市场的规模远远大于流通市场的规模,并且二级市场以场外交易为主。这种建立在为产业发展服务基础上的金融市场在促进经济发展的同时,具有内在的稳定性,也带来了较高的市场效率。

在我国金融市场的发展过程中,货币市场没有被给以优先的位置。特别是商业票据市场发展滞缓,短期国债的规模也很小。在资本市场的发展中,重点也没有放在一级市场上,企业债券和股票的发行规模都不大。而二级市场却被给予了很大的关注。特别是80年代末到90年代初的几年间，股票交易市场以上海、深圳两个证券交易所的建立为契机，异常活跃起来，数千证券商和近千万股民集中了数千亿资金去炒作那几百只规模很小的上市股票，加之管理乏力，致使股票价格暴涨暴跌，强化了投机，刺激了某些人急于发财暴富的心理。由于二级市场吸引了大量资金和价格形成的无理性，给一级发行市场制造了障碍，企业筹资困难，加大了向银行贷款的压力，也促进了通货膨胀的上升。美国著名经济学家萨缪尔森1994年5月在接受中国记者采访时指出，"中国目前最需要的，不是纽约证券交易所、芝加哥商品交易所一类的组织，……，对中国来说，市场还很原始，股票很热，那是一种赌博，那一张纸并不足以代表相应的生产"[1]。

中国作为一个正在起飞的发展中国家，资金的需求很大。没有大量的持续的资金投入，经济起飞便不能持久。金融市场应该成为提供资金来源的重要渠道。因此，金融市场发展的重点应转移到以融通资金为主要功能的货币市场和与实质性投资直接相关的证券一级发行市场上，在此基础上再逐步发展二级市场。二级市场的发展应以提高证券的流动性、为一级市场创造良好环境为目的，而不应脱离一级市场单纯追求其交易量。

在货币市场的发展中，需要大力扶持商业票据市场。商业票据市场发展的基础是商业信用的规范化，而商业信用规范化的标志是合格商业票据的广泛发行与流通。金融机构必须为商业票据的发行与流通创造条件，通过办理贴现和票据抵押增强票据的流动性，扩展商业信用与银行信用的联系渠道，同时也提高了金融机构的资产质量。国库券是货币市场上另一重要的金融工具，活跃的国库券市场不仅能使政府

---

[1] 经济学消息报社：《诺贝尔经济学奖得主专访录——评说中国经济与经济学发展》，中国计划出版社1995年版，第13页。

以较低的成本保持必要的存量和流量,满足财政的需求,而且有利于各种金融机构保持资产流动性的需求,同时也满足了中央银行运用公开市场业务进行间接宏观调控所需要的基本条件。可见,大力推进国库券市场的发展,不仅可以提高金融市场的效率,还可以提高整体金融效率。同业拆借市场在货币市场中也占有极为重要的地位。同业拆借市场的发展,一方面需要建立全国一体化的先进通讯系统和电子转换系统,另一方面需要加强监控,规范参与者的市场行为。

在资本市场的发展中,目前重点应该发展债券市场,特别是企业债券市场。股票市场的发展必须与规范化股份制度的推进相配合,重点放在一级发行市场,以便为股份制企业注入更多的资本金,鼓励股东们进行长线投资。

5.5 强化金融机构内部管理,提高金融机构素质

我国目前金融效率不高的原因是多方面的,如体制(包括企业体制、金融体制等)便是一个重要原因。理论界也多谈及产权问题、金融机构的组织结构问题,等等。但一个最为基本的原因是,金融机构自身的经营管理水平低、金融运作不规范、缺乏责任心和平等竞争意识。金融效率的提高,说到底,起基础作用的是金融机构的高效率。如何提高金融机构的效率?外部条件和良好环境固然重要,但内部管理始终是最关键的。

金融机构效率的高低通过经营效率和发展效率反映出来。本章第一节曾对我国金融机构的效率作过简要概括,其结论是,虽然16年来我国的金融机构效率与自身比较有所提高,但与发达国家相比仍处在很低的水平上。金融机构的资产质量低,资金运用(主要是贷款)损失率高、银行清算速度慢、业务范围窄、服务水平差,等等。仅从金融

机构的资产质量看,西方国家商业银行的坏账损失率一般都在2%以下,而我国大部分银行都超过10%。据某省调查,1994年,四大专业银行的逾期贷款,占贷款余额的13.5%,呆滞贷款和坏账占贷款总余额的8.82%,两项合计为22.3%。即使与原已较高的监控指标8%和5%相比,也分别高出5.5和3.8个百分点。这种现象从全国看带有普遍性。银行资产质量低,除了体制因素外,银行业务操作缺乏规范,自身缺乏自我制约机制也是重要原因之一。西方国家金融机构的内部管理是极其严格的,业务操作均有一定的规范程序,有一套严密的规章制度。例如贷款,当客户提出申请并符合银行贷款方向时,银行的调查部门要对该笔贷款的还款机制和保障机制进行安排,在此基础上根据贷款审批的授予权限分别决定。银行内部各级人员的贷款授予权是不同的,大额贷款还要经董事会决定。而我们的贷款审批,随意性很大。在贷款客户选择上,西方金融机构都有"近亲回避制度",内部人员及其亲属除特殊应急情况,一般不在本金融机构贷款(互助合作性质的金融机构除外),即使应急情况,贷款的条件、程序等也与其他客户完全相同。在我国金融机构的贷款中,"关系贷款"占有相当大的比重。在贷款方式上,西方国家金融机构的信用放款比重很小,担保、抵押贷款占绝大多数,我国则主要是信用放款。因此,要提高贷款的质量,减少呆账、坏账,建立规范的内部管理制度是重要的一环。

改进结算方式,加快清算速度,也是提高金融效率的重要方面。科技的发展和电脑的普及已使发达国家的清算缩至极短的时间,电子转账已是最主要的结算方式,占到全部结算额的4/5以上。我国目前的清算主要是现金和支票两种方式,商业汇票和银行卡的使用范围和结算数额还很小,电子结算的比例就更低。即使在现金和支票这两种主要形式之间,也彼此不能打通,这就使得结算速度相当缓慢。加之在实际业务操作中,压票、退票、压汇、退汇现象严重,不少金融机构用压票压汇的办法占用他行资金,这就使本已很慢的结算速度更加迟缓。结算速度的快慢是衡量金融效率的一个综合指标,加快清算速度是提高金融效率的基础工作。虽然清算速度的提高,依赖于良好的社会信誉关系和现代化设备的配置程度,但金融机构的内部管理和严格规范的结算纪律也起着重要的作用。

内部管理的科学化是提高金融效率的重要保证。金融机构的内部管理包括业务管理和行政管理。业务管理主要有资产负债比例管理、风险管理、资本金管理、财务管理等;行政管理主要是岗位责任管理、人事管理和后勤保障等。以各项比例管理为主要内容的业务管理,是金融机构内部自律管理的主要措施。通过各项比例管理,资产负债结构的动态平衡和安全性、流动性、盈利性可实现协调统一。在各项比例管理中,资产负债管理起着基础性的作用,特别是70年代金融创新使各种主动性负债业务不断扩展以来,资产负债的综合管理成为金融健康发展和效率提高的重要保证手段,成为金融机构自我约束机制的一项核心内容。在资产负债比例管理下,金融机构的创新性业务与安全性原则得到统一,负债业务与资产业务在竞争中有序发展,保证了金融发展的稳定机制。我国普遍实行的规模(指标)管理虽然便利了国家宏观调控目标的实现,但却限制了金融机构的创新能力和积极性,约束了金融效率的提高。

风险管理是资产负债比例管理下,对资产运用管理的具体化。在激烈的市场竞争中,金融机构很难做到资产业务绝对安全,而追求资产安全又是金融机构的立业之本。解决这对矛盾的主要办法便是在业务扩展中建立良好的保证机制,使风险降至最低,或者说在保证风险尽可能低的条件下,努力使资产运用系数提高。在改革之前,我国金融机构的业务活动是按计划进行的,是国家分配资金的一种手段,谈不上风险。16年来,金融活动的市场化进程在推进,金融机构向着独立的金融企业在发展,加上机构的多元化和对外开放带来的挑战,竞争在金融领域逐渐形成,在这个过程中,风险管理显得尤为迫切。

资本金管理是风险管理的一项重要内容。随着金融国际化趋势的增强,资本金管理正在走向统一。我国金融机构的资本金比率是较低的,如果考虑到现在较高的呆账资产,真实资本金就更低。应该建立起资本金的自动补充机制,在盈利分配中必须及时提取和补足呆账准备金,并及时冲减坏账。同时,还要建立二级资本金制度。我国银行的资本主要是核心资本,附属资本的比例极低。建立二级资本金制度,不但便于国际比较,也是充分利用资本、规范资本金管理的主要内容之一。

严格的财务管理制度对降低金融机构经营成本起着重要的作用,从而也是提高金融机构效率的重要手段。同时,它还是保证金融秩序、减少营私舞弊、确立良好形象的重要措施。强化这一点,也应成为中国金融机构内部管理改革的重要内容。

从内容上看,金融机构的业务管理也是中央银行外部监管的主要内容。由于这些管理与金融机构自身的效率直接相关,所以,金融机构不能只是被动地接受中央银行监管,而必须主动地进行自律管理。

金融机构的行政管理对提高金融效率也具有直接的重要性。行政管理主要包括岗位责任管理、人事管理和后勤管理。在一个高效率的金融机构里,都有严格规范的岗位责任制和奖惩措施,并有一套人尽其才,才尽其用的激励机制,还有完善的人才培训提高制度,管理人员和后勤保障人员的比例都比较低。不能想像,在岗位职责不清,奖惩不明,人浮于事,缺乏竞争意识和激励机制的金融机构里会有高的金融效率。

总之,要使中国金融真正得到快速发展并在发展中不断提高其效率,必须下决心提高金融机构的内在素质,就中国的现实来看,更需要特别强调这一点。

5.6　加强金融监管，改善金融调控方式

加强金融监管，改善金融调控方式，也是提高中国金融效率的重要环节。以资本金管理、资产负债比例管理、准备金管理和资产风险管理为主要内容的金融监管在客观效果上会促使金融效率提高，这是因为资产安全性的增强，意味着贷款损失率的降低和资产运用效率的提高。加强金融监管，在保证金融机构安全的同时提高了信贷资金质量，还是抑制通货膨胀的重要措施。

加强金融监管，是在市场金融运作中保证金融机构安全和提高资产质量的内在要求。在发达国家，对金融机构的监管一般都是很严格的。金融机构既受公司法约束，又受各类金融法的约束，相对于普通企业来说，国家对金融机构的监管要严得多。但金融监管主要的是制定规则和监督规则的执行，并不是随意的行政命令。因此，金融监管并不是压制金融有效运作的因素，而是保证金融体系稳健运营、金融活动健康有序的重要措施，因而它是提高金融效率的一种手段。改革以来，中国的金融机构发展很快，目前形成以人民银行为核心，四大专业银行、三大政策性银行、九家商业银行、三家保险公司、五万多家农村信用社、四千多家城市信用社以及五百多家金融信托投资机构、财务公司、证券公司和二百多家外资金融机构的分支机构及代表处组成的庞大金融机构体系。随着金融机构的增加和国家四大专业银行向商业银行的转变，竞争也不断增强。在这个过程中，要保证金融机构安全和金融运行有序，必须加强金融监管。在这方面，还需建立基本的规章制度，从基础做起。不如此，金融秩序混乱的状况就不能消除，金融效率的提高，也就无从谈起。

严格说来，金融监管与金融调控还有着很大差别。金融监管着眼

于金融机构运作，金融调控着眼于金融总量。金融调控的方式对金融效率也有直接的影响。我国目前的金融调控虽然开始利用存款准备金、中央银行利率等经济手段，但主要的还是依靠贷款规模控制。在最近的几年里，完全取消规模控制有一定困难，但从长远来看，以规模控制为主的调控方式对金融效率的提高是不利的。规模管理约束了金融机构的业务能力和创新能力，限制了货币的创造功能，降低了货币乘数，必然引发基础货币的过量投放。在这种情况下，信贷资金的运用效率不能得到最大限度的提高，金融机构效率和金融市场效率以及在此基础上的宏观金融效率的提高受到了限制。另外，对货币的调控不能只着眼于现金，在金融发展已达到相当高度和现代市场经济体制下，货币的概念已扩展到很大的范围，现金只是货币总量中的一个很小的部分，并且货币的各个层次之间具有内在的必然联系。还有一个问题值得研究，这就是能否改变现金管理办法，打通现金与各层次货币之间的联系渠道。管理者担心这样做会引起现金的大量投放，从而引致通货膨胀。细想一下，短期内可能如此，但从总的趋势看，这样做应该能够节约现金的使用，因为现金交易的成本比支票和电子转账要高得多。允许居民使用支票、开设电子账户，会直接减少现金的投放；允许企业单位使用现金，企业、单位也不会放弃转账结算。相反，当现金比转账货币更具"特权"时，企业、单位、个人才会去追逐这种特权，而当取消了本不应具有的"特权"时，人们才不会去追求它。从现金交易到转账结算，再到电子账户，是金融发展的结果，是社会进步的必然。给现金以特权，则增加了这一转化发展的困难。因此，打通现金与各层次货币间的联系，最终会节约现金的使用，促进金融向现代化发展。现金的节约意味着货币作用力的增强，货币的结构会更加合理，货币乘数会增大，货币—经济比率会降低，从而金融的宏观效率会提高。

5.7 积极创造条件，逐步实现与国际接轨

80年代以来，金融国际化成为世界金融发展的一个重要趋势，也带动了国际贸易和整个世界经济的发展。在近十年中，世界经济的年均增长率大约为3.3%，国际贸易的增长率为6%—9%，而国际资本流动年均增长超过10%。金融的国际化带来了全球金融效率的提高。改革以来，中国金融在快速发展的同时，金融国际化的进程也取得一定进展。1979年，日本进出口银行率先在北京开设了第一家代表处，开新中国成立后外国金融机构进入中国之先河，1982年，香港南洋商业银行首先获准在经济特区深圳开设分行，到1993年6月底，外资金融机构在中国设立的代表处已达225个，其中银行代表处127个，外资银行在中国经济特区和开放城市设立的分行已达74家，还有独资银行3家，中外合资银行6家，独资与合资财务公司4家，保险公司3家。中国的金融机构也开始走向国际，除中国银行大量增设海外分支机构外，交通银行、中国工商银行、中国农业银行等也开始在伦敦、纽约等国际金融中心设立办事处和分行。中国银行、中国国际信托投资公司等机构还先后进入日本、德国、英国、新加坡、美国等资本市场筹资。上海、深圳已有50多家企业向海外发行了人民币特种股票（B股）。虽然中国金融的国际化目前还处在较低的水平上，但却迈出了最初的一步。

一国金融的国际化，对提高本国的金融效率有直接的推动作用。这种作用突出表现为两个方面：一是扩大了资金流量和资金运用效率；二是促进了竞争。对中国来说，金融的国际化主要方面是适当引进国外金融机构。外资金融机构的引进，目前还有很多争论，但随着改革开放的深入，特别是将来加入世界贸易组织之后，外资金融机构的进入会是必然的。这并不是一件坏事。有人担心外资银行的进入会挤垮我们

自己的银行,这种担心虽然不无道理,因为我国银行目前的竞争力还不足以与外资银行抗衡,但国际经验表明,事实上不会的。外资银行的进入对本国在总体上要利大于弊,它可以带来先进的经济管理手段和信息,促进本国银行改善经营,提高效率。外资银行的进入对国内银行是压力也是动力,是挑战也是机遇。中国金融改革的目标之一是逐步实现与国际金融的接轨,国内金融机构必须为此做好充分准备。并且,还要积极创造条件。这些条件包括国内金融业的市场运作机制比较健全;国内金融市场的发展比较规范;以利率和汇率为中心的金融商品价格市场化;有一系列比较完备的金融法规以及符合国际惯例的金融监管方式等等。条件的创造,要有个总体设想,还要有一定的时间给国内金融机构调整战略和转变机制作准备,但准备时间不应过长。

资本市场的国际化,也是提高中国金融效率必须考虑的方面之一。人民币特种股票(B股)的海外发行,标志着中国资本市场开始走向国际化。B种股票的发行对象目前主要是海外享有较高知名度的证券商和专业投资人,还应创造条件向海外公众发行并逐步扩大公众投资比例,这就需要按照国际惯例加快完善国内的企业制度、会计制度和法律制度,并在提高资本市场发展素质基础上逐步统一A、B股市场,使之走向规范化。

5.8 金融自由化:并非正确的出路

就总体而言,金融效率是一个国家经济发展水平和金融运作能力的综合反映。金融效率的高低,取决于多种因素,而要提高金融效率,也必须从多方面入手。中国的金融效率随着改革的推进有了一定提高,但就其水平而言,目前仍然是较低的。由于金融在现代经济中所处的突出地位,下决心提高中国的金融效率对整个经济的发展具有极为重要的意义。如何使中国的金融效率实现快速提高？本章分析了几个相互关联的方面。从这些分析中可以看出，不断推进金融改革，始终是一个重要推动力。

有一种理论认为，中国的金融改革出路在于"自由化"，其理论基础是西方学者提出的"金融压制论"和"金融深化论"。"金融二论"是美国经济学家R.I.麦金农和E.S.肖在分析发展中国家金融状况时提出的，他们认为发展中国家的金融制度和金融政策阻碍了经济的发展，即所谓"金融压制"。而要使金融在这些国家发挥作用，必须实行"金融深化"。金融深化的措施便是政府完全放弃管制，使其完全自由化。这一理论在80年代对中国的理论界产生了很大影响，金融自由化的呼声很高。金融自由化与我们前所述及的带有市场取向的金融改革（包括建立多元化金融机构体系和市场运行机制、促使金融商品价格形成市场化、引进外资金融机构、加快金融国际化进程等）并不是相同概念。金融自由化的核心是排斥政府一切干预，认为市场万能。而带有市场取向的金融改革是完善政府管理，引入市场机制。按照金融自由化的观点，政府无须推进改革，只要放手不加干涉即可。尽管麦金农和肖对发展中国家的金融状况作了大量分析，其中一些建议（如努力把金融搞活、保持正利率以使储蓄有实质收益、增加金融资产种类供公众选择等）具有一定的参考价值，但在总体上，金融自由化的主张对发展中国家来说可能是灾难。

任何一个国家的金融体制和金融活动方式都是与这个国家特定的历史和经济发展水平以及社会政治条件密切相关。许多发展中国家，在他们摆脱了殖民统治、政治上获得独立之后，在仍然落后的经济基础上发展经济，没有强有力的政府干预是不可能的。事实上，在政府强有力的干预下建立起来的金融体制对这些国家的经济发展确实起到了重要作用。当然，随着经济的发展和现代化程度的提高，这些国家的金融体制也必须随之发展,但金融体制的发展也必须在政府的有效管理下才能实现。特别是发展中国家在建立现有的金融体制之前,并没有形成规范的市场金融运行模式,大多数国家当时只是存在非常原始且具有封建性质的金融机构,如高利贷、当铺等等。而发达国家的金融体制和金融运作在几百年中一直是稳定发展的,在这个过程中逐步建立了良好的社会信誉体系和规范的金融运作方式,政府干预与否,都不会影响这种基本的金融运作。而大多数发展中国家,如果完全放弃政府干预,结果不仅不会带来金融效率的提高,而且还会导致金融混乱,这已被80年代的阿根廷、智利、乌拉圭等国家所证明。世界银行在总结发展中国家金融自由化改革经验教训时也曾得出结论:"许多发展中国家还不能像一些高收入国家那样,实行范围广泛的自由化。"[①] 中国的金融不但在高度集中的计划体制下没有得到理想的发展,就是在近代中国的历史上也不像西方国家的金融那样有过长期的充分发展过程。在这种条件下推进中国金融的发展和提高其效率,显然不是自由化所能解决的。恰恰相反,要把中国的金融事业推向前进,并在金融发展中保持较高的金融效率,政府的周密设计和监督指导是须臾不可缺少的。

---

① 世界银行:《世界发展报告》(1989),第127页。

附表 16个国家1964—1993年货币量与结构比率

附表1 1964—1993年美国货币量与结构比率

年份	货币量（10亿美元）				货币结构比率		
	货币 (M)	其中通货 (C)	准货币 (QM)	货币+准货币 ($M+QM$)	$\dfrac{C}{M}$	$\dfrac{C}{M+QM}$	$\dfrac{M}{M+QM}$
1964	168.1	35.1	261.2	429.3	0.209	0.082	0.392
1965	176.2	37.2	288.5	464.7	0.211	0.080	0.379
1966	180.4	39.2	306.6	487.0	0.217	0.081	0.370
1967	194.0	41.3	341.2	535.2	0.213	0.077	0.363
1968	209.6	43.8	367.9	577.5	0.209	0.076	0.363
1969	216.6	46.6	381.9	598.5	0.215	0.078	0.362
1970	225.9	50.0	412.5	638.4	0.221	0.078	0.354
1971	240.7	53.5	480.7	721.4	0.222	0.074	0.334
1972	262.2	57.8	550.3	812.5	0.220	0.071	0.323
1973	277.3	61.9	589.6	866.9	0.216	0.071	0.319
1974	286.9	69.1	629.7	916.6	0.241	0.075	0.313
1975	302.0	74.2	729.1	1 031.1	0.246	0.072	0.293
1976	318.7	79.7	850.7	1 169.4	0.250	0.068	0.273
1977	345.7	88.0	945.6	1 291.3	0.254	0.068	0.268
1978	375.2	97.4	1 018.0	1 393.2	0.260	0.070	0.269
1979	408.2	107.6	1 112.6	1 520.8	0.264	0.071	0.268
1980	432.2	116.8	1 227.2	1 659.4	0.270	0.070	0.261
1981	460.3	122.8	1 385.7	1 846.0	0.267	0.067	0.249

续表

年份	货币量（10亿美元）				货币结构比率		
	货币(M)	其中通货(C)	准货币(QM)	货币+准货币(M+QM)	$\dfrac{C}{M}$	$\dfrac{C}{M+QM}$	$\dfrac{M}{M+QM}$
1982	494.2	131.9	1 558.3	2 052.5	0.267	0.064	0.241
1983	540.3	146.6	1 733.5	2 273.8	0.271	0.064	0.238
1984	585.0	160.5	1 939.0	2 524.0	0.274	0.064	0.232
1985	655.0	175.3	2 091.5	2 746.5	0.268	0.064	0.238
1986	776.1	186.3	2 261.9	3 038.0	0.240	0.061	0.256
1987	786.2	201.8	2 355.6	3 141.8	0.257	0.064	0.250
1988	820.1	217.3	2 515.4	3 335.5	0.265	0.065	0.246
1989	830.9	228.9	2 705.5	3 536.4	0.275	0.065	0.235
1990	870.5	254.8	2 834.8	3 705.3	0.293	0.069	0.235
1991	935.7	277.0	2 892.6	3 828.3	0.296	0.072	0.244
1992	1 065.8	298.5	2 835.8	3 901.6	0.280	0.077	0.274
1993	1 230.3	327.5	2 770.9	4 001.2	0.266	0.082	0.307

附表2　1964—1993年日本货币量与结构比率

年份	货币量（10亿日元）				货币结构比率		
	货币(M)	其中通货(C)	准货币(QM)	货币+准货币(M+QM)	$\dfrac{C}{M}$	$\dfrac{C}{M+QM}$	$\dfrac{M}{M+QM}$
1964	8 700	1 990	12 820	21 520	0.229	0.092	0.404
1965	10 290	2 260	15 110	25 390	0.220	0.089	0.405
1966	11 720	2 590	17 810	29 520	0.221	0.088	0.397
1967	13 370	3 110	20 730	34 100	0.233	0.091	0.392
1968	15 160	3 600	24 000	39 150	0.237	0.092	0.387
1969	18 280	4 320	28 120	46 400	0.236	0.093	0.394
1970	21 360	5 100	32 880	54 240	0.239	0.094	0.394
1971	27 690	5 960	39 710	67 400	0.215	0.088	0.411
1972	34 530	7 710	49 510	84 040	0.223	0.092	0.411
1973	40 310	9 110	57 880	98 190	0.226	0.093	0.411
1974	44 950	10 730	64 540	109 490	0.239	0.098	0.411

续表

年份	货币量（10亿日元）				货币结构比率		
	货币(M)	其中通货(C)	准货币(QM)	货币+准货币($M+QM$)	$\frac{C}{M}$	$\frac{C}{M+QM}$	$\frac{M}{M+QM}$
1975	49 950	11 580	75 380	125 330	0.232	0.092	0.399
1976	56 180	12 860	86 070	142 250	0.229	0.090	0.395
1977	60 790	14 120	97 250	158 030	0.232	0.089	0.385
1978	68 930	16 260	109 790	178 720	0.236	0.091	0.386
1979	71 020	17 050	122 700	193 720	0.240	0.088	0.367
1980	69 570	17 480	137 420	206 990	0.251	0.084	0.336
1981	76 510	18 580	152 700	229 210	0.243	0.081	0.334
1982	80 900	19 780	165 680	246 580	0.244	0.080	0.328
1983	80 800	20 580	182 780	263 590	0.255	0.078	0.307
1984	86 380	22 110	195 430	281 810	0.256	0.079	0.307
1985	88 980	23 410	217 820	306 800	0.263	0.076	0.290
1986	98 210	26 200	237 090	335 310	0.267	0.078	0.293
1987	102 970	28 580	269 720	372 700	0.278	0.077	0.276
1988	111 840	31 520	297 530	409 380	0.282	0.077	0.273
1989	114 470	36 680	343 150	457 620	0.320	0.080	0.250
1990	119 630	37 250	375 380	495 010	0.311	0.075	0.242
1991	131 040	37 970	376 480	507 530	0.290	0.075	0.258
1992	136 140	38 100	370 660	506 790	0.280	0.075	0.267
1993	145 610	40 850	372 570	518 190	0.281	0.079	0.281

附表3 1964—1993年德国货币量与结构比率

年份	货币量（10亿马克）				货币结构比率		
	货币(M)	其中通货(C)	准货币(QM)	货币+准货币($M+QM$)	$\frac{C}{M}$	$\frac{C}{M+QM}$	$\frac{M}{M+QM}$
1964	67.6	27.9	114.0	188.2	0.413	0.148	0.359
1965	72.8	29.7	130.6	210.7	0.408	0.141	0.346
1966	74.2	30.9	151.4	233.7	0.416	0.132	0.318
1967	81.6	31.5	174.1	264.9	0.386	0.119	0.308

续表

年份	货币量（10亿马克）				货币结构比率		
	货币 (M)	其中通货 (C)	准货币 (QM)	货币+准货币 ($M+QM$)	$\dfrac{C}{M}$	$\dfrac{C}{M+QM}$	$\dfrac{M}{M+QM}$
1968	90.6	32.6	185.9	284.2	0.360	0.115	0.319
1969	95.4	34.7	209.8	313.7	0.364	0.111	0.304
1970	103.7	36.9	228.7	341.5	0.356	0.108	0.304
1971	116.9	40.3	260.1	387.4	0.345	0.104	0.302
1972	133.4	45.7	296.4	441.7	0.343	0.104	0.302
1973	135.7	47.4	332.0	480.6	0.349	0.098	0.283
1974	150.2	51.5	351.1	515.2	0.343	0.100	0.292
1975	171.7	56.5	387.1	574.3	0.329	0.098	0.299
1976	177.3	60.6	423.7	617.6	0.342	0.098	0.287
1977	198.6	67.5	464.6	681.5	0.340	0.099	0.291
1978	227.5	76.2	503.7	751.4	0.335	0.101	0.303
1979	234.1	79.9	534.8	790.2	0.341	0.101	0.296
1980	243.4	84.0	560.5	826.1	0.345	0.102	0.295
1981	239.6	84.2	594.0	856.6	0.351	0.098	0.280
1982	256.7	88.6	634.1	915.5	0.345	0.097	0.280
1983	278.2	96.4	663.5	967.8	0.347	0.100	0.287
1984	294.8	99.8	699.7	1 022.0	0.339	0.098	0.288
1985	314.5	103.9	759.9	1 074.4	0.330	0.097	0.293
1986	340.2	112.2	804.1	1 144.4	0.329	0.098	0.297
1987	365.7	124.1	847.1	1 212.8	0.339	0.102	0.302
1988	408.3	142.6	874.7	1 283.0	0.349	0.111	0.318
1989	431.6	147.9	916.4	1 348.1	0.343	0.110	0.320
1990	551.4	158.6	1 047.0	1 598.3	0.288	0.099	0.345
1991	575.0	171.8	1 125.5	1 700.5	0.298	0.101	0.338
1992	640.7	200.5	1 194.7	1 835.4	0.313	0.109	0.349
1993	697.6	212.0	1 350.5	2 048.1	0.304	0.104	0.341

附表 4　1964—1993 年英国货币量与结构比率

年份	货币(M)	其中通货(C)	准货币(QM)	货币+准货币($M+QM$)	$\dfrac{C}{M}$	$\dfrac{C}{M+QM}$	$\dfrac{M}{M+QM}$
1964	7.56	2.45	4.47	12.03	0.324	0.204	0.628
1965	7.85	2.64	5.09	12.93	0.336	0.204	0.607
1966	7.84	2.70	5.55	13.40	0.344	0.201	0.585
1967	8.44	2.82	6.40	14.84	0.334	0.190	0.569
1968	8.78	2.86	7.12	15.91	0.326	0.180	0.552
1969	8.81	3.01	7.59	16.40	0.342	0.184	0.537
1970	9.64	3.32	8.31	17.95	0.344	0.185	0.537
1971	11.09	3.59	9.23	20.18	0.324	0.178	0.589
1972	12.66	4.08	13.33	25.67	0.322	0.159	0.493
1973	13.30	4.38	19.84	32.84	0.329	0.133	0.405
1974	14.74	5.09	22.69	37.11	0.345	0.137	0.397
1975	17.48	5.81	22.62	40.10	0.332	0.145	0.436
1976	19.47	6.58	25.27	44.74	0.338	0.147	0.435
1977	23.52	7.56	25.46	48.99	0.321	0.154	0.474
1978	27.36	8.73	28.76	56.12	0.319	0.156	0.488
1979	29.86	9.51	33.27	63.13	0.318	0.151	0.473
1980	31.04	10.24	43.74	74.79	0.330	0.137	0.415
1981	34.59	10.77	59.02	95.55	0.311	0.113	0.362
1982	40.66	11.22	65.74	106.41	0.276	0.105	0.382
1983	42.46	11.01	74.85	120.02	0.259	0.092	0.354
1984	48.05	9.16	82.77	134.91	0.191	0.068	0.356
1985	56.67	9.84	88.85	150.46	0.174	0.065	0.377
1986	69.27	13.39	109.09	183.79	0.193	0.073	0.377
1987	154.12	14.18	189.35	343.47	0.092	0.041	0.449
1988	170.67	15.34	232.38	403.05	0.089	0.038	0.423
1989	195.31	16.20	286.07	481.38	0.083	0.034	0.405
1990	214.94	16.35	318.54	533.49	0.076	0.031	0.403
1991	229.22	16.73	314.74	543.97	0.073	0.031	0.421
1992	238.73	17.82	338.35	577.07	0.075	0.031	0.414
1993	252.16	18.98	361.27	613.43	0.075	0.031	0.411

附表 5　1964—1993 年法国货币量与结构比率

年份	货币 (M)	其中通货 (C)	准货币 (QM)	货币+准货币 ($M+QM$)	$\dfrac{C}{M}$	$\dfrac{C}{M+QM}$	$\dfrac{M}{M+QM}$
1964	161	60	24	184	0.373	0.326	0.875
1965	176	65	29	204	0.369	0.319	0.863
1966	189	68	37	226	0.360	0.301	0.836
1967	198	71	57	256	0.359	0.277	0.773
1968	214	73	71	285	0.341	0.256	0.751
1969	210	73	90	300	0.348	0.243	0.700
1970	232	76	112	344	0.328	0.221	0.674
1971	260	78	148	407	0.300	0.192	0.639
1972	299	84	185	484	0.281	0.174	0.618
1973	328	90	227	555	0.274	0.162	0.591
1974	378	98	276	654	0.259	0.150	0.578
1975	425	107	332	757	0.252	0.141	0.561
1976	457	116	393	850	0.254	0.136	0.538
1977	508	122	466	974	0.240	0.125	0.522
1978	666	132	1 015	1 681	0.198	0.079	0.396
1979	751	139	1 171	1 922	0.185	0.072	0.391
1980	801	144	1 300	2 101	0.180	0.069	0.381
1981	900	161	1 423	2 323	0.179	0.069	0.387
1982	985	177	1 593	2 578	0.180	0.069	0.382
1983	1 108	192	1 753	2 861	0.173	0.067	0.387
1984	1 219	199	1 888	3 107	0.163	0.064	0.392
1985	1 312	207	2 006	3 318	0.158	0.062	0.395
1986	1 407	214	2 165	3 572	0.152	0.060	0.394
1987	1 471	222	2 333	3 804	0.151	0.058	0.387
1988	1 532	236	2 484	4 016	0.154	0.059	0.381
1989	1 633	246	2 479	4 112	0.151	0.060	0.397
1990	1 703	259	2 509	4 212	0.152	0.061	0.404
1991	1 622	258	2 553	4 175	0.159	0.062	0.389
1992	1 645	259	2 601	4 246	0.157	0.061	0.387
1993	1 623	253	2 762	4 385	0.156	0.058	0.370

附表 6 1964—1993 年韩国货币量与结构比率

年份	货币 (M)	其中通货 (C)	准货币 (QM)	货币+准货币 ($M+QM$)	$\dfrac{C}{M}$	$\dfrac{C}{M+QM}$	$\dfrac{M}{M+QM}$
1964	48.91	24.94	14.72	63.63	0.510	0.392	0.769
1965	65.62	31.63	31.49	97.11	0.482	0.326	0.676
1966	85	43	72	157	0.506	0.274	0.541
1967	123	58	131	254	0.472	0.228	0.484
1968	179	83	259	438	0.464	0.189	0.409
1969	252	111	453	705	0.440	0.157	0.357
1970	308	134	590	898	0.435	0.149	0.343
1971	358	162	727	1 085	0.453	0.149	0.330
1972	519	218	932	1 452	0.420	0.150	0.357
1973	730	311	1 250	1 980	0.426	0.157	0.369
1974	946	411	1 511	2 457	0.435	0.167	0.385
1975	1 182	507	1 968	3 150	0.429	0.161	0.375
1976	1 544	677	2 661	4 205	0.438	0.161	0.367
1977	2 173	953	3 702	5 874	0.439	0.162	0.370
1978	2 714	1 364	5 215	7 929	0.503	0.172	0.342
1979	3 275	1 604	6 603	9 878	0.490	0.162	0.332
1980	3 807	1 856	8 727	12 534	0.488	0.148	0.304
1981	3 982	2 025	11 689	15 671	0.509	0.129	0.254
1982	5 799	2 574	14 105	19 904	0.444	0.129	0.291
1983	6 783	2 874	16 155	22 938	0.424	0.125	0.296
1984	6 821	3 109	17 885	24 706	0.456	0.126	0.276
1985	7 558	3 286	21 007	28 565	0.435	0.114	0.265
1986	8 809	3 679	25 024	33 833	0.418	0.109	0.260
1987	10 107	4 443	30 172	40 280	0.440	0.110	0.251
1988	12 152	5 133	36 787	48 939	0.422	0.105	0.248
1989	14 328	6 140	44 309	58 637	0.429	0.105	0.244
1990	15 905	7 011	52 802	68 708	0.441	0.102	0.232
1991	21 752	7 913	61 994	83 746	0.364	0.095	0.260
1992	24 586	8 581	71 672	96 259	0.349	0.089	0.255
1993	29 041	12 109	83 178	112 219	0.417	0.108	0.259

附表 7　1964—1992 年泰国货币量与结构比率

年份	货币量（10 亿铢）				货币结构比率		
	货币 (M)	其中通货 (C)	准货币 (QM)	货币+准货币 (M+QM)	$\frac{C}{M}$	$\frac{C}{M+QM}$	$\frac{M}{M+QM}$
1964	10.8	7.3	7.3	18.1	0.676	0.403	0.597
1965	12.9	8.1	7.9	20.8	0.628	0.389	0.620
1966	14.6	9.4	10.8	25.4	0.644	0.370	0.575
1967	15.6	9.8	13.1	28.8	0.628	0.340	0.542
1968	17.2	10.7	15.7	32.9	0.622	0.325	0.523
1969	17.9	11.0	18.8	36.7	0.615	0.299	0.488
1970	19.4	11.9	22.3	41.7	0.613	0.285	0.465
1971	21.3	13.1	27.3	48.6	0.615	0.270	0.438
1972	24.8	15.3	35.4	60.2	0.617	0.254	0.412
1973	30.0	18.7	43.7	73.6	0.623	0.254	0.408
1974	32.7	20.5	55.9	88.7	0.626	0.231	0.369
1975	34.7	22.3	68.5	103.2	0.643	0.216	0.336
1976	41.4	25.8	84.3	125.7	0.623	0.205	0.329
1977	45.4	28.7	105.4	150.8	0.632	0.190	0.301
1978	54.5	33.2	125.7	180.3	0.619	0.184	0.302
1979	63.5	40.8	142.1	205.7	0.643	0.198	0.309
1980	71.4	45.9	180.3	251.8	0.643	0.182	0.283
1981	73.3	47.8	219.1	292.4	0.652	0.163	0.251
1982	78.3	54.0	284.6	362.9	0.690	0.149	0.216
1983	81.8	59.6	365.6	447.4	0.729	0.133	0.183
1984	88.8	63.5	449.1	537.9	0.715	0.118	0.165
1985	85.8	64.0	507.6	593.5	0.746	0.108	0.145
1986	102.4	71.1	569.3	671.8	0.694	0.106	0.152
1987	132.4	86.7	676.2	808.6	0.655	0.107	0.164
1988	148.5	99.0	807.6	956.1	0.667	0.104	0.155
1989	174.7	119.0	1 032.4	1 207.1	0.681	0.099	0.145
1990	195.4	137.5	1 333.7	1 529.1	0.704	0.089	0.128
1991	222.4	149.3	1 610.0	1 832.4	0.672	0.081	0.121
1992	249.7	180.2	1 868.1	2 117.8	0.722	0.085	0.118

附表 8　1964—1993 年新加坡货币量与结构比率

年份	货币量（百万新元）				货币结构比率		
	货币(M)	其中通货(C)	准货币(QM)	货币+准货币($M+QM$)	$\dfrac{C}{M}$	$\dfrac{C}{M+QM}$	$\dfrac{M}{M+QM}$
1964	854	439	704	1 558	0.514	0.282	0.548
1965	882	469	767	1 649	0.532	0.284	0.535
1966	1 006	508	886	1 892	0.505	0.268	0.532
1967	985	423	1 227	2 212	0.429	0.191	0.445
1968	1 196	501	1 562	2 758	0.419	0.182	0.434
1969	1 417	617	1 915	3 332	0.435	0.185	0.425
1970	1 631	727	2 217	3 848	0.446	0.189	0.424
1971	1 760	806	2 445	4 205	0.458	0.192	0.419
1972	2 385	1 005	2 897	5 282	0.421	0.190	0.452
1973	2 632	1 114	3 470	6 102	0.423	0.183	0.431
1974	2 858	1 306	4 066	6 924	0.457	0.189	0.413
1975	3 472	1 638	4 692	8 164	0.472	0.200	0.426
1976	4 000	1 947	5 202	9 202	0.487	0.212	0.435
1977	4 412	2 243	5 394	9 806	0.508	0.229	0.450
1978	4 926	2 583	5 936	10 862	0.524	0.238	0.454
1979	5 706	2 941	7 193	12 899	0.515	0.228	0.442
1980	6 135	3 137	9 930	16 065	0.511	0.195	0.382
1981	7 242	3 382	12 429	19 671	0.467	0.172	0.368
1982	8 157	3 996	14 647	22 804	0.490	0.175	0.358
1983	8 607	4 335	16 918	25 525	0.504	0.170	0.337
1984	8 866	4 619	18 254	27 120	0.521	0.170	0.327
1985	8 785	4 739	19 363	28 148	0.539	0.168	0.312
1986	9 822	5 034	21 134	30 956	0.513	0.163	0.317
1987	11 031	5 440	26 059	37 090	0.493	0.147	0.297
1988	11 958	5 997	30 130	42 088	0.501	0.142	0.284
1989	13 745	6 610	37 801	51 546	0.481	0.128	0.267
1990	15 261	7 109	46 584	61 845	0.467	0.115	0.247
1991	16 430	7 497	53 112	69 542	0.456	0.108	0.236
1992	18 515	8 279	57 213	75 728	0.447	0.109	0.244
1993	22 882	8 942	59 248	82 130	0.391	0.109	0.279

附表9　1964—1990年南非货币量与结构比率

年份	货币量（百万本国货币）				货币结构比率		
	货币 (M)	其中通货 (C)	准货币 (QM)	货币+准货币 (M+QM)	$\dfrac{C}{M}$	$\dfrac{C}{M+QM}$	$\dfrac{M}{M+QM}$
1964	1 432	303	980	2 412	0.212	0.126	0.594
1965	1 460	326	1 458	2 919	0.208	0.126	0.500
1966	1 596	357	1 646	3 242	0.235	0.110	0.492
1967	1 705	384	1 796	3 501	0.225	0.110	0.487
1968	2 050	406	2 029	4 079	0.198	0.100	0.503
1969	2 223	458	2 299	4 522	0.206	0.101	0.492
1970	2 259	513	2 477	4 736	0.227	0.108	0.477
1971	2 446	570	2 617	5 063	0.233	0.113	0.483
1972	2 808	627	3 216	6 024	0.223	0.104	0.466
1973	3 382	747	4 123	7 505	0.221	0.100	0.451
1974	4 011	880	4 944	8 955	0.219	0.098	0.448
1975	4 286	1 026	6 550	10 835	0.239	0.095	0.400
1976	4 437	1 106	7 172	11 609	0.249	0.095	0.382
1977	4 648	1 149	8 014	12 662	0.247	0.091	0.367
1978	5 133	1 285	9 632	14 765	0.250	0.087	0.348
1979	6 198	1 460	10 737	16 935	0.236	0.086	0.366
1980	8 398	1 861	12 490	20 888	0.222	0.089	0.402
1981	11 273	2 273	13 838	25 112	0.202	0.091	0.449
1982	13 124	2 491	15 649	28 773	0.190	0.087	0.456
1983	16 586	2 763	15 611	32 197	0.167	0.086	0.515
1984	23 413	3 190	17 229	40 642	0.136	0.079	0.576
1985	21 332	3 552	24 757	46 089	0.167	0.077	0.463
1986	23 207	4 181	24 268	47 474	0.180	0.088	0.489
1987	32 026	5 025	26 807	58 833	0.157	0.085	0.544
1988	39 934	6 128	39 881	79 815	0.153	0.077	0.500
1989	43 343	7 314	65 551	108 895	0.169	0.067	0.398
1990	49 858	8 251	71 049	120 907	0.165	0.068	0.412

附表10 1964—1993年阿尔及利亚货币量与结构比率

年份	货币量（10亿第纳尔）				货币结构比率		
	货币(M)	其中通货(C)	准货币(QM)	货币+准货币($M+QM$)	$\dfrac{C}{M}$	$\dfrac{C}{M+QM}$	$\dfrac{M}{M+QM}$
1964	4.68	2.58	0.09	4.77	0.551	0.541	0.981
1965	5.16	2.77	0.13	5.29	0.537	0.524	0.975
1966	5.55	2.84	0.23	5.78	0.512	0.491	0.960
1967	7.02	3.23	0.49	7.51	0.460	0.430	0.935
1968	9.32	3.70	0.84	10.16	0.397	0.364	0.917
1969	10.51	4.16	1.11	11.62	0.396	0.358	0.905
1970	11.62	4.74	1.45	13.08	0.408	0.362	0.888
1971	12.95	5.70	0.97	13.93	0.440	0.409	0.930
1972	16.75	7.05	1.39	18.14	0.421	0.389	0.923
1973	18.93	8.82	1.44	20.36	0.466	0.433	0.930
1974	24.25	10.45	1.52	25.77	0.431	0.406	0.941
1975	31.96	12.74	1.77	33.75	0.399	0.377	0.948
1976	41.08	17.24	2.53	43.60	0.420	0.395	0.942
1977	48.55	20.57	3.40	51.95	0.424	0.395	0.935
1978	62.21	27.37	5.25	67.46	0.440	0.406	0.922
1979	72.21	35.40	7.48	79.69	0.490	0.444	0.906
1980	84.43	42.34	9.11	93.54	0.501	0.453	0.903
1981	97.92	48.06	11.23	109.15	0.491	0.440	0.897
1982	125.30	49.16	12.59	137.89	0.392	0.357	0.909
1983	152.76	60.02	13.17	165.93	0.393	0.362	0.921
1984	180.43	67.46	14.28	194.72	0.374	0.346	0.927
1985	202.23	76.64	21.63	223.86	0.379	0.342	0.903
1986	204.82	89.36	22.20	227.02	0.436	0.394	0.902
1987	223.91	96.87	33.99	257.90	0.433	0.376	0.868
1988	252.21	109.76	40.76	292.97	0.435	0.375	0.861
1989	250.01	119.87	58.13	308.15	0.479	0.389	0.811
1990	270.40	135.26	72.92	343.32	0.500	0.394	0.788
1991	324.47	157.20	90.28	414.75	0.485	0.379	0.782
1992	377.00	184.61	146.18	523.18	0.490	0.353	0.721
1993	447.60	211.41	180.04	627.64	0.472	0.337	0.713

附表 11　1964—1993 年印度货币量与结构比率

年份	货币(M)	其中通货(C)	准货币(QM)	货币+准货币(M+QM)	$\dfrac{C}{M}$	$\dfrac{C}{M+QM}$	$\dfrac{M}{M+QM}$
1964	39.1	26.6	14.2	53.3	0.680	0.499	0.734
1965	43.0	28.7	16.1	59.1	0.667	0.486	0.728
1966	46.8	30.1	18.9	65.7	0.643	0.458	0.712
1967	51.0	32.1	20.8	71.8	0.629	0.447	0.710
1968	53.9	33.7	24.8	78.7	0.625	0.428	0.685
1969	60.4	37.6	28.9	89.3	0.623	0.421	0.676
1970	67.6	41.6	32.4	100.1	0.615	0.416	0.675
1971	76.5	45.6	40.7	117.1	0.596	0.389	0.653
1972	86.2	49.1	49.0	135.2	0.570	0.363	0.638
1973	101.0	57.8	60.5	161.5	0.572	0.358	0.625
1974	111.3	61.4	70.0	181.3	0.552	0.339	0.614
1975	122.3	64.4	84.4	206.7	0.527	0.312	0.592
1976	152.8	73.2	104.6	257.4	0.479	0.284	0.594
1977	178.5	84.2	128.2	306.7	0.472	0.275	0.582
1978	157.6	94.6	213.9	371.5	0.600	0.255	0.424
1979	176.9	108.0	260.5	437.3	0.610	0.247	0.405
1980	204.6	126.3	302.3	506.9	0.617	0.249	0.404
1981	232.5	137.4	362.9	595.3	0.591	0.231	0.391
1982	273.7	157.4	424.0	697.7	0.575	0.226	0.392
1983	308.6	181.3	507.0	815.6	0.587	0.222	0.378
1984	365.6	218.1	596.7	962.3	0.597	0.227	0.380
1985	412.4	239.4	712.3	1 124.7	0.581	0.213	0.367
1986	478.7	268.0	847.7	1 326.3	0.560	0.202	0.361
1987	543.2	315.6	999.6	1 542.8	0.581	0.205	0.352
1988	632.8	356.4	1 192.2	1 825.0	0.563	0.195	0.347
1989	746.9	434.5	1 365.1	2 112.0	0.582	0.206	0.354
1990	853.6	501.9	1 576.7	2 430.2	0.588	0.207	0.351
1991	1 046.1	591.3	1 829.3	2 875.4	0.565	0.206	0.364
1992	1 120.9	645.8	2 239.4	3 360.3	0.576	0.192	0.334
1993	1 312.4	783.3	2 515.6	3 828.0	0.597	0.205	0.343

附表 12　1980—1992 年印度尼西亚货币量与结构比率

年份	货币(M)	其中通货(C)	准货币(QM)	货币+准货币(M+QM)	$\dfrac{C}{M}$	$\dfrac{C}{M+QM}$	$\dfrac{M}{M+QM}$
1980	5 011	2 169	2 696	7 707	0.433	0.281	0.650
1981	6 474	2 546	3 231	9 705	0.433	0.262	0.667
1982	7 120	2 934	3 954	11 074	0.412	0.265	0.643
1983	7 576	3 340	7 093	14 670	0.441	0.228	0.516
1984	8 581	3 712	9 356	17 937	0.433	0.207	0.478
1985	10 124	4 460	13 054	23 177	0.441	0.192	0.437
1986	11 631	5 338	15 984	27 615	0.459	0.193	0.421
1987	12 705	5 802	21 200	33 904	0.457	0.171	0.375
1988	14 392	6 245	27 681	42 073	0.434	0.148	0.342
1989	20 559	7 908	37 967	58 526	0.385	0.135	0.351
1990	23 819	9 094	60 811	84 630	0.382	0.107	0.281
1991	26 693	9 346	72 717	99 410	0.350	0.094	0.269
1992	28 801	11 478	90 274	119 075	0.399	0.096	0.242

附表 13　1964—1993 年巴基斯坦货币量与结构比率

年份	货币(M)	其中通货(C)	准货币(QM)	货币+准货币(M+QM)	$\dfrac{C}{M}$	$\dfrac{C}{M+QM}$	$\dfrac{M}{M+QM}$
1964	8.246	5.025	2.533	10.779	0.609	0.466	0.765
1965	9.012	5.498	3.046	12.058	0.610	0.456	0.747
1966	10.598	6.202	4.008	14.605	0.585	0.425	0.726
1967	10.258	5.930	4.797	15.081	0.577	0.393	0.682
1968	11.042	6.505	5.918	16.960	0.589	0.384	0.651
1969	12.620	7.098	5.960	18.580	0.562	0.382	0.679

续表

年份	货币量（10亿本国货币）				货币结构比率		
	货币(M)	其中通货(C)	准货币(QM)	货币+准货币($M+QM$)	$\dfrac{C}{M}$	$\dfrac{C}{M+QM}$	$\dfrac{M}{M+QM}$
1970	14.016	8.065	6.737	20.752	0.575	0.389	0.675
1971	16.488	8.156	7.122	23.610	0.495	0.345	0.698
1972	19.939	9.350	7.796	27.734	0.469	0.337	0.719
1973	22.194	10.990	9.368	31.562	0.495	0.348	0.703
1974	22.517	11.427	8.665	31.182	0.507	0.367	0.722
1975	25.621	11.884	12.177	37.798	0.464	0.314	0.678
1976	34.044	13.853	15.924	49.967	0.407	0.277	0.681
1977	39.966	17.349	18.969	58.935	0.434	0.294	0.678
1978	47.194	21.040	23.436	70.629	0.446	0.298	0.668
1979	56.830	26.447	27.288	84.118	0.465	0.314	0.676
1980	66.671	32.482	30.650	97.322	0.487	0.334	0.685
1981	72.285	34.488	36.252	108.538	0.477	0.318	0.666
1982	87.341	41.153	44.892	132.233	0.471	0.311	0.661
1983	100.566	46.425	59.316	159.882	0.462	0.290	0.629
1984	105.780	52.003	61.532	167.312	0.492	0.311	0.632
1985	123.060	58.678	68.925	191.985	0.477	0.306	0.641
1986	145.251	71.578	77.592	222.842	0.493	0.321	0.652
1987	173.016	81.765	86.380	259.396	0.473	0.315	0.667
1988	189.834	92.168	89.543	279.378	0.486	0.330	0.680
1989	217.027	105.225	83.028	300.054	0.485	0.351	0.723
1990	254.620	125.806	80.372	334.991	0.494	0.376	0.760
1991	305.978	144.530	92.475	398.453	0.472	0.363	0.768
1992	371.796	162.316	143.406	515.202	0.437	0.315	0.722
1993	378.111	177.856	230.515	608.626	0.470	0.292	0.621

附表 14 1964—1991 年尼日利亚货币量与结构比率

年份	货币量（亿奈拉）				货币结构比率		
	货币 (M)	其中通货 (C)	准货币 (QM)	货币+准货币 ($M+QM$)	$\dfrac{C}{M}$	$\dfrac{C}{M+QM}$	$\dfrac{M}{M+QM}$
1964	3.18	1.98	1.13	4.31	0.623	0.459	0.738
1965	3.28	2.01	1.41	4.69	0.613	0.429	0.700
1966	3.57	2.17	1.63	5.20	0.601	0.417	0.687
1967	3.23	2.07	1.31	4.54	0.641	0.456	0.711
1968	3.38	1.83	1.84	5.22	0.541	0.351	0.648
1969	4.47	2.53	2.15	6.63	0.567	0.382	0.674
1970	6.43	3.42	3.37	9.79	0.532	0.349	0.657
1971	6.70	3.55	3.72	10.42	0.530	0.341	0.643
1972	7.47	3.85	4.57	12.04	0.515	0.320	0.620
1973	7.88	4.36	5.82	13.70	0.553	0.318	0.575
1974	16.19	5.70	9.73	25.92	0.352	0.220	0.625
1975	24.63	10.31	15.72	40.35	0.419	0.256	0.610
1976	37.28	13.51	38.79	76.08	0.362	0.178	0.490
1977	54.20	19.41	22.55	76.75	0.358	0.253	0.706
1978	51.01	21.57	24.20	75.21	0.423	0.287	0.678
1979	61.47	23.51	37.02	98.49	0.383	0.239	0.624
1980	92.27	31.86	51.63	143.90	0.345	0.221	0.641
1981	97.45	38.62	54.94	152.39	0.396	0.253	0.639
1982	100.49	42.23	66.45	166.94	0.420	0.253	0.602
1983	112.83	48.43	77.52	190.34	0.429	0.254	0.593
1984	122.04	48.84	90.39	212.43	0.400	0.230	0.575
1985	132.27	49.10	99.26	231.53	0.371	0.212	0.571
1986	126.63	51.78	109.42	236.05	0.409	0.219	0.537
1987	149.06	62.99	139.89	288.95	0.423	0.218	0.516
1988	214.46	94.14	169.60	384.06	0.439	0.245	0.558
1989	266.64	121.24	167.07	433.71	0.455	0.280	0.615
1990	345.40	149.51	230.14	575.54	0.433	0.260	0.600
1991	487.08	231.21	303.60	790.67	0.475	0.292	0.616

附表 15 1964—1993 年埃塞俄比亚货币量与结构比率

年份	货币量（亿本国货币）				货币结构比率		
	货币(M)	其中通货(C)	准货币(QM)	货币+准货币($M+QM$)	$\dfrac{C}{M}$	$\dfrac{C}{M+QM}$	$\dfrac{M}{M+QM}$
1964	3.03	2.22	0.69	3.72	0.733	0.597	0.815
1965	3.50	2.54	0.71	4.22	0.726	0.602	0.829
1966	3.78	2.68	0.86	4.63	0.709	0.579	0.816
1967	3.72	2.51	1.00	4.72	0.675	0.532	0.788
1968	4.00	2.74	1.25	5.25	0.685	0.522	0.762
1969	4.55	3.19	1.50	6.05	0.701	0.527	0.752
1970	4.53	3.23	1.87	6.40	0.713	0.505	0.708
1971	4.37	3.04	2.15	6.51	0.696	0.467	0.671
1972	4.91	3.40	2.65	7.56	0.692	0.450	0.649
1973	6.91	4.04	3.63	9.82	0.585	0.411	0.704
1974	7.54	5.33	3.81	11.35	0.707	0.470	0.664
1975	9.42	6.89	3.02	12.44	0.731	0.554	0.757
1976	9.53	5.75	4.50	14.03	0.603	0.410	0.679
1977	11.79	7.69	4.73	16.52	0.652	0.465	0.714
1978	13.78	8.95	4.83	18.61	0.649	0.481	0.740
1979	15.72	10.12	5.36	21.08	0.644	0.480	0.745
1980	15.68	10.29	6.28	21.96	0.656	0.469	0.714
1981	17.20	10.39	7.18	24.38	0.604	0.426	0.705
1982	18.92	11.50	7.97	26.89	0.608	0.428	0.704
1983	21.43	12.51	10.56	31.98	0.584	0.391	0.670
1984	23.09	12.72	11.40	34.49	0.551	0.369	0.669
1985	27.02	14.18	12.92	39.94	0.525	0.355	0.677
1986	32.73	16.40	11.95	44.68	0.501	0.367	0.733
1987	33.41	17.44	14.13	47.54	0.522	0.369	0.703
1988	37.22	19.62	15.70	52.91	0.527	0.371	0.703
1989	43.22	23.41	17.26	60.48	0.524	0.387	0.715
1990	52.73	30.81	18.94	71.67	0.584	0.430	0.736
1991	61.99	40.07	21.88	83.87	0.646	0.478	0.739
1992	71.42	47.09	26.07	97.49	0.659	0.483	0.733
1993	74.50	47.76	32.52	107.02	0.641	0.446	0.696

附表16　1977—1994年中国货币量与结构比率

年份	货币量(亿元人民币)				货币结构比率		
	货币(M)	其中通货(C)	准货币(QM)	货币+准货币($M+QM$)	$\dfrac{C}{M}$	$\dfrac{C}{M+QM}$	$\dfrac{M}{M+QM}$
1977	580.1	195.4	278.3	858.4	0.337	0.228	0.676
1978	580.4	212.0	309.3	889.7	0.365	0.238	0.652
1979	921.5	267.7	406.3	1 327.8	0.291	0.202	0.694
1980	1 148.8	346.2	522.3	1 671.1	0.301	0.207	0.687
1981	1 345.2	396.3	632.5	1 977.7	0.295	0.200	0.680
1982	1 488.4	439.1	777.3	2 265.7	0.295	0.194	0.657
1983	1 748.9	529.8	963.9	2 712.8	0.303	0.195	0.645
1984	2 449.4	792.1	1 149.1	3 598.5	0.323	0.220	0.681
1985	3 017.3	987.8	1 857.6	4 874.9	0.327	0.203	0.619
1986	4 745.7	1 218.4	1 975.3	6 721.0	0.257	0.181	0.706
1987	5 714.6	1 454.5	2 635.1	8 349.7	0.255	0.174	0.684
1988	6 950.5	2 134.0	3 149.1	10 099.6	0.307	0.211	0.688
1989	7 347.1	2 344.0	4 602.5	11 949.6	0.319	0.196	0.615
1990	8 793.2	2 644.4	6 500.5	15 293.7	0.301	0.173	0.575
1991	10 866.6	3 177.8	8 483.3	19 349.9	0.292	0.164	0.562
1992	15 015.7	4 336.0	10 386.4	25 402.1	0.289	0.171	0.591
1993	18 694.9	5 864.7	12 806.1	31 501.0	0.314	0.186	0.593
1994	23 705.1	7 288.6	16 450.4	40 155.5	0.307	0.182	0.590

主要参考文献

范家骧、高天虹:《西方经济学》,中国经济出版社1992年版。
郝侠君等:《中西500年比较》,中国工人出版社1989年版。
黄达:《财政信贷综合平衡导论》,中国金融出版社1984年版。
黄达:"宏观调控与货币供给",《中国社会科学》1993年第5期。
黄达:《货币银行学》,四川人民出版社1992年版。
《列宁选集(2卷)》,人民出版社1995年版。
刘光第:《论中国宏观经济价值管理》,经济科学出版社1989年版。
刘鸿儒:《金融调控论》,中国金融出版社1991年版。
马洪、孙尚清:《中国经济结构问题研究》,人民出版社1981年版。
《马克思恩格斯选集(4卷)》,人民出版社1995年版。
马克思:《资本论(1—3卷)》,人民出版社1975年版。
陶文达:《发展经济学》,四川人民出版社1992年版。
王传纶:《西方财政金融思想发展》,西南财经大学出版社1991年版。
王佩真:《经济体制改革与货币政策》,中国财政经济出版社1993年版。
吴念鲁:《国际金融纵横谈》,中国金融出版社1991年版。
杨培新:《我国货币政策》,生活·读书·新知三联书店1991年版。
赵海宽:《银行货币概论》,经济科学出版社1988年版。
周升业:《对外开放下的金融运行》,中国金融出版社1994年版。

弗里德曼,米尔顿·安娜·J.施瓦茨:《美国和英国的货币趋势》,范国鹰等译,中国金融出版社1991年版。
戈德史密斯,雷蒙德·W.:《金融结构与发展》,浦寿海等译,中国社会科学出版社1993年版。
哈里斯,劳伦斯:《货币理论》,梁小民译,中国金融出版社1989年版。
汉森,J. L.:《货币理论与实践》,陈国庆译,中国金融出版社1988年版。
金德尔伯格,P.:《西欧金融史》,徐子健等译,中国金融出版社1991年版。

卡思柏森,基思:《货币供求》,徐诺金等译,中国金融出版社1990年版。
库兹涅茨,西蒙:《现代经济增长:速度、结构与扩展》,戴睿、易诚译,北京经济学院出版社1989年版。
莱德勒,戴维:《货币需求:理论、证据和问题》,戴国强译,生活·读书·新知三联书店1989年版。
麦金农,罗纳德·I.:《经济自由化的顺序:向市场经济过渡中的金融控制》,季若谷、吴红卫译,中国金融出版社1993年版。
索洛,R. M.:《经济增长论文集》,平新乔译,北京经济学院出版社1989年版。

国际货币基金组织:《政府财政统计手册》,中国金融出版社1993年版。
国家统计局:《中国统计年鉴1988—1994》,中国统计出版社。
经济学消息报社:《诺贝尔经济学奖得主专访录——评说中国经济与经济学发展》,中国计划出版社1995年版。
世界银行:《世界发展报告》,中国财政经济出版社1989—1994年版。
中国金融学会:《中国金融年鉴1986—1994》,中国金融年鉴编辑部。
中国人民银行:《中国金融展望1994、1995》,中国金融出版社。

Gillis, Perins, Roemer, and Snodgrass, *Economics of Development*, W. W. Norton and Company, 1987.
Lindert, Peter H., *International Economics*, Ninth Edition, Boston IRWIN Inc., 1991.
Mckinnon, Ronald I., *Money and Capital in Economic Development*, Brookings Institute, Washington, D. C., 1973.
Mishkin, Frederic S., *The Economics of Money, Banking, and Financial Markets*, Little, Brown and Company, 1986.
Shapiro, Edward J., *Macroeconomic Analysis*, Harcourt Brace Jovanovich Inc., 1978.
Shaw, Edward S., *Financial Deepening in Economic Development*, Oxford University Press, 1973.

IMF, *Interational Financial Statistics Yearbook*, 1986, 1994, 1995.
Business Week, 1992, 1994.
Journal of Money, Credit and Banking, 1995 (1-3).
The Banker, 1982, 1986, 1994.
The Economist, 1994.

后　　记

在我 1991 年进入中国人民大学开始在职攻读博士学位时，我的导师黄达教授就要求我早点定下论文选题，并希望我利用几年时间研究一个有一定理论深度和难度，并对中国经济改革和发展有实际意义的题目。我清楚地记得黄教授当时说的一段话："十多年来，中国的经济理论界取得了一批极其优秀的研究成果，这些成果对推动中国经济改革和 80 年代的经济起飞起了巨大作用。要使中国经济发展以 80 年代的速度持续，并在下一世纪 20 年代接近发达国家的水平，必须对经济运行的内在机制和发展规律加以重点研究，找出一条带有必然性和规律性的发展之路。"他又说："中国未来的经济体制和发展道路有两点应是明确的：一是不可能离开带有世界普遍规律性的发展方向；二是不可能脱离中国国情而完全西方化，它应该是'中国式'的。"

经过一年多的反复，1992 年底最终确定了"经济发展中金融的贡献和效率"这个题目。其出发点便是试图探寻一条符合经济发展内在规律的中国金融发展之路，以期通过建立高效率的金融体制使正在起飞中的中国实现高效率的经济增长。尽管经过了几年比较艰苦的努力，但论文的成果仍然是很初步的。虽然很多位教授、专家对论文成果给予了肯定，但我深知离最初的期望值恐怕还相差甚远。

本书是在我答辩论文的基础上稍加修改而成。原本想在论文出版之时再作一些努力，以使论文提高一步，但几经尝试，除对第 3 章进行了一定修改之外，其他各章基本未动。这并不是因为我不想付出更加艰苦的劳动，而是我深深感到，在目前条件下要使论文有较大提高，远不是在短期内力所能及之事。

在我攻读博士学位的四年中，导师花费了大量心血。能成为黄达教授的入门学生，是我的幸运。黄教授博大精深的学识，对国家、对民族、对人民高度的历史责任感，严谨的治学态度，诲人不倦的师德风范使我受益终生。在本书付印之际，我由衷地表示深深的感激之情。

同时，我还要感谢周升业教授、王传纶教授、陈共教授、王克华教授和王佩真教授。在人民大学四年的学习生涯中，周教授给予了我许多关心、指导和帮助；王传纶教授、陈共教授、王克华教授对我论文的选题提出过许多建设性意见；我的硕士导师王佩真教授也一直关注着我的学业。论文定稿后，承蒙王传纶教授、曾康霖教授为之写了学术评议书；杨培新、赵海宽、刘光第、胡乃武、赵效民、江其务、周骏、林继肯、张亦春等9位教授为之写了专家审查意见；刘鸿儒、赵海宽、刘光第、王传纶、胡乃武等5位教授参加了论文答辩会，并给予了超过论文应得的肯定和鼓励。在此一并表示诚挚的谢意。

王广谦
1995 年 12 月 16 日于北京